Impressum
Verlag: BABADADA GmbH, Nedderfeld 112 , 22529 Hamburg
Geschäftsführer / Verlagsleitung: Harald Hof
Druck: Books on Demand GmbH, In de Tarpen 42, 22848 Norderstedt

Imprint
Publisher: BABADADA GmbH, Nedderfeld 112 , 22529 Hamburg, Germany
Managing Director / Publishing direction: Harald Hof
Print: Books on Demand GmbH, In de Tarpen 42, 22848 Norderstedt

# sekolo

# σχολείο

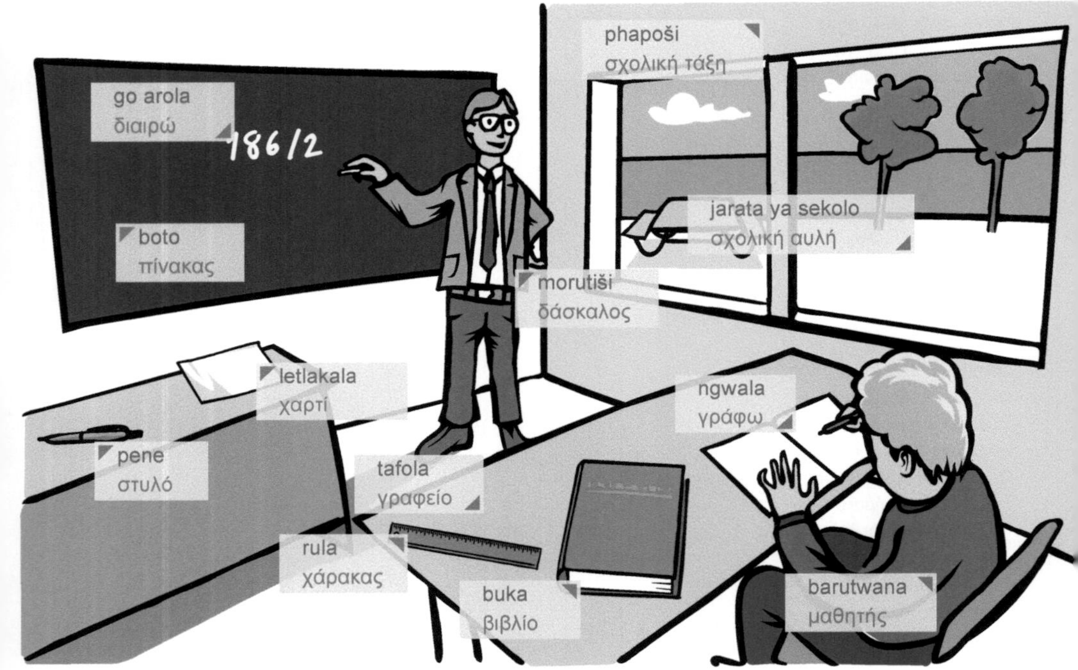
phapoši
σχολική τάξη
go arola
διαιρώ
186/2
boto
πίνακας
jarata ya sekolo
σχολική αυλή
morutiši
δάσκαλος
letlakala
χαρτί
ngwala
γράφω
pene
στυλό
tafola
γραφείο
rula
χάρακας
buka
βιβλίο
barutwana
μαθητής

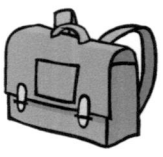

peke

σχολική τσάντα

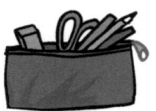

kheise ya phensele

κασετίνα/ μολυβοθήκη

phensele

μολύβι

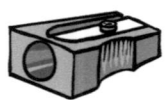

motšhene wa go betla phensele

ξύστρα

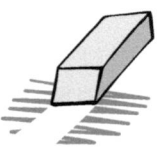

rabhara

γόμα

phede ya ho thala

μπλοκ ζωγραφικής

**go thala**

ζωγραφική

**borashe ya go penta**

πινέλο

**lepokisi la go penta**

κουτί χρωμάτων

**sekero**

ψαλίδι

**sekgomaretši**

κόλλα

**puku ya go ngwala**

τετράδιο ασκήσεων

**mošomo wa gae**

εργασία για το σπίτι

**nomoro**

αριθμός

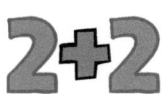

**tlatša**

προσθέτω

**go ntšha**

αφαιρώ

**go atiša**

πολλαπλασιάζω

**khalekhuleitha**

υπολογίζω

**lengwalo**

γράμμα

**alefapete**

αλφάβητο

**lentšu**

λέξη

mongolo

κείμενο

bala

διαβάζω

tšhoko

κιμωλία

thuto

μάθημα

puku ya maina

εγγράφομαι

thuto

τεστ

setifikeite

πιστοποιητικό

diaparo tša sekolo

μαθητική στολή

thuto

εκπαίδευση

encyclopedia

εγκυκλοπαίδεια

yunibesithi

πανεπιστήμιο

maekrosekoupo

μικροσκόπιο

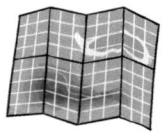

mmapa

χάρτης

pasekete ya matlakala a ditšhila

καλάθι αχρήστων

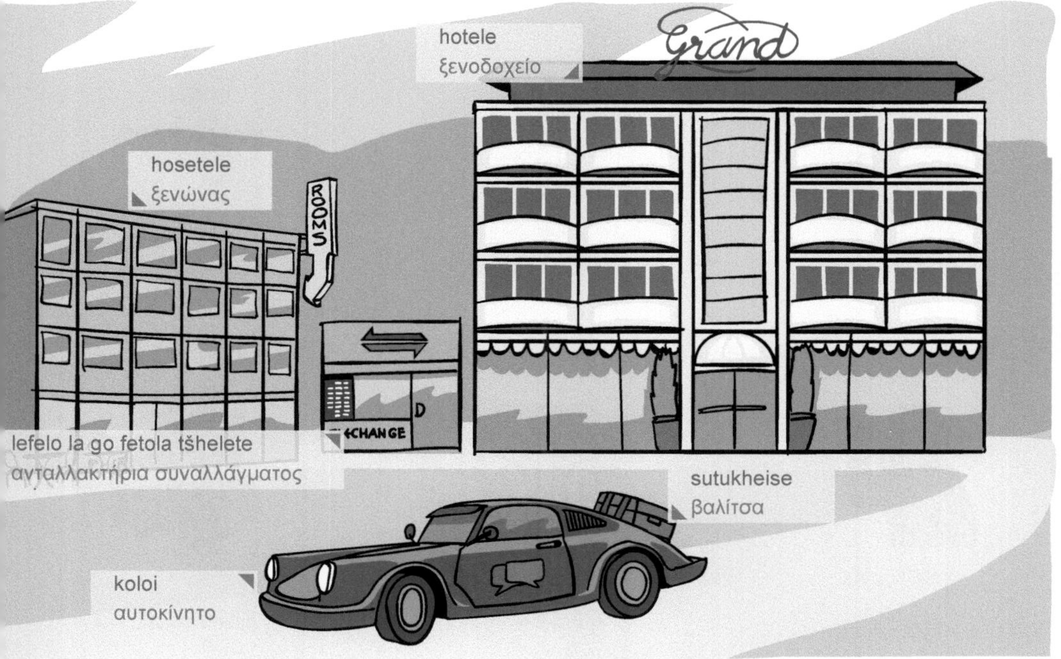

hotele
ξενοδοχείο
Grand
hosetele
ξενώνας
ROOMS
lefelo la go fetola tšhelete
ανταλλακτήρια συναλλάγματος
EXCHANGE
sutukheise
βαλίτσα
koloi
αυτοκίνητο

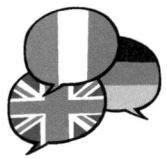

Leleme

γλώσσα

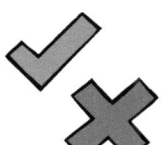

ee / aowa

ναι / όχι

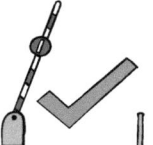

Go lokile

εντάξει

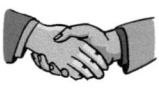

Dumela

γεια σου

mofetoledi

μεταφραστής

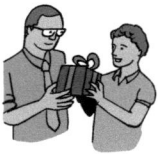

Re a leboga

Ευχαριστώ

... ke bokae?

πόσο κάνει ;

ga ke kwešiše

Δε καταλαβαίνω

bothata

πρόβλημα

Thobela!

Καλησπέρα!

Meso e mebotse!

Καλημέρα!

Robala botse!

Καληνύχτα!

šala gabotse

Αντίο

keletšo ya tsela

κατεύθυνση

peke

αποσκευές

peke

τσάντα

mokotla wa dipuku

σακίδιο πλάτης

moeng

καλεσμένος

phapoši

δωμάτιο

pekana ya go robala

υπνόσακος

mokhukhu

σκηνή

boitsebišo bja moeti

τουριστικές πληροφορίες

lewatleng

παραλία

karata ya mokitlana

πιστωτική κάρτα

dijo tša mesong

πρωινό

matena

μεσημεριανό

dijo tša mantšiboa

δείπνο

thikethe

εισιτήριο

lifithi

ανελκυστήρας

setempe

γραμματόσημο

border

σύνορα

setlwaedi

τελωνείο

embassy

πρεσβεία

visa

βίζα

phasepoto

διαβατήριο

# senamelwa

## μεταφορά

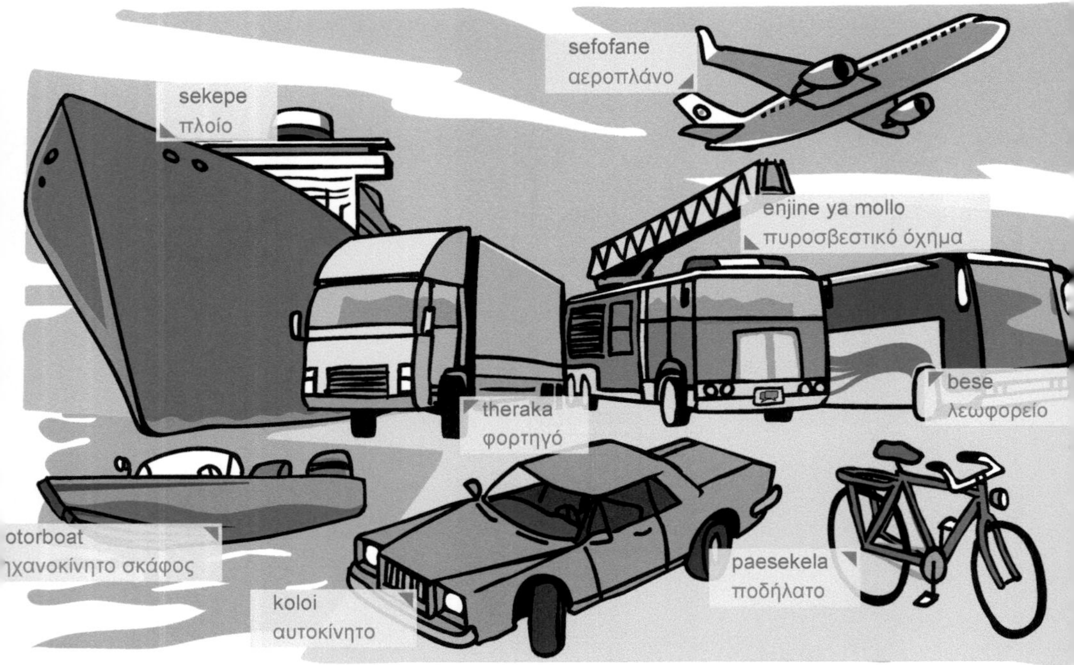

sefofane
αεροπλάνο
sekepe
πλοίο
enjine ya mollo
πυροσβεστικό όχημα
bese
λεωφορείο
theraka
φορτηγό
otorboat
χανοκίνητο σκάφος
koloi
αυτοκίνητο
paesekela
ποδήλατο


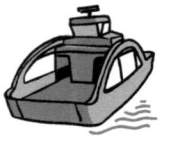

feri

φεριμπότ

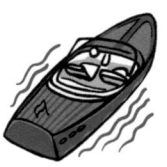

sekepe

βάρκα

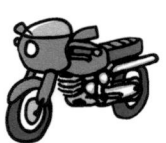

sethuthuthu

μοτοσικλέτα

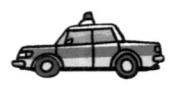

koloi ya maphodisa

περιπολικό

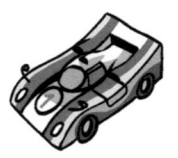

koloi ya go šiašiana

αγωνιστικό αυτοκίνητο

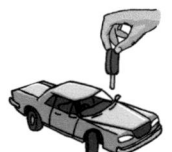

koloi ya go rentišwa

ενοικιαζόμενο αυτοκίνητο

go arogana koloi

διαμοιρασμός αυτοκινήτων

theraka ya go goga

γερανός

theraka ya ditlakala

απορριμματοφόρο

mmotho

κινητήρας

makhura

καύσιμο

seteišene sa makhura

βενζινάδικο

leswao la therafiki

πινακίδα σήμανσης

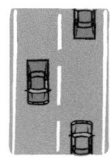

therafiki

κυκλοφορία

therafiki

κυκλοφοριακή συμφόρηση

lefelo la go phaka dikoloi

χώρος στάθμευσης

seteišene sa terene

σιδηροδρομικός σταθμός

tsela

σιδηροδρομικές γραμμές

terene

τρένο

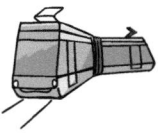

theramo

τραμ

koloi

βαγόνι

sefofane

ελικόπτερο

boemafofane

αεροδρόμιο

serokami

πύργος

monamedi

επιβάτης

seswari

εμπορευματοκιβώτιο

lepokisana

χαρτοκιβώτιο

khathe

καρότσι

basket

καλάθι

go tloga / go kwatama

απογειώνομαι /
προσγειόνομαι

## toropo
## πόλη

motse

χωριό

bogareng bja toropo

κέντρο της πόλης

ntlo

σπίτι

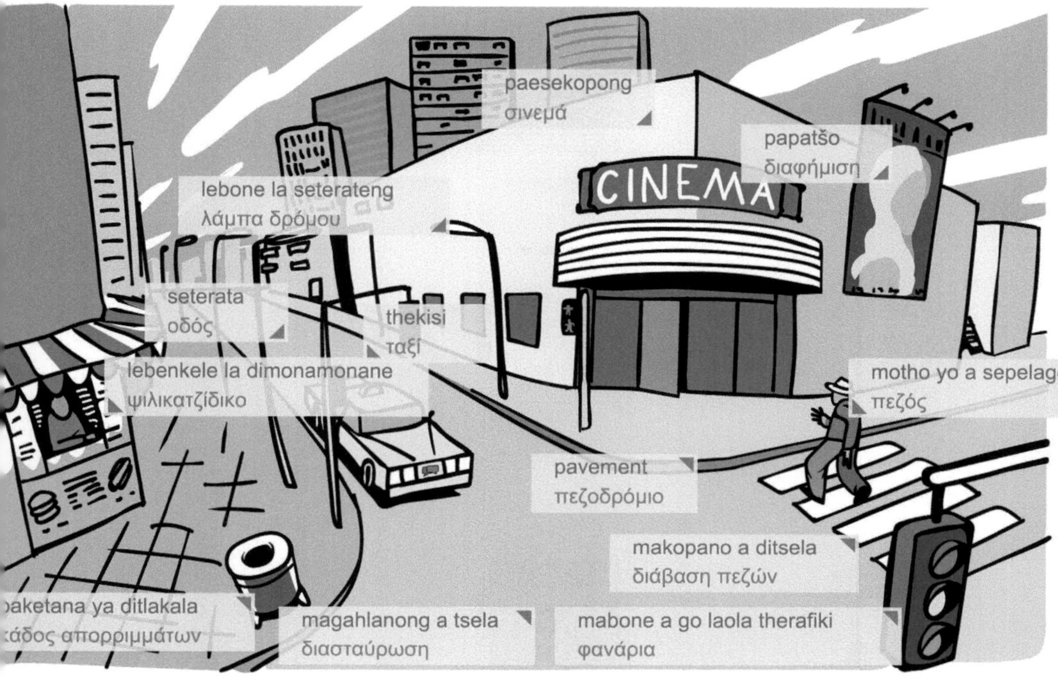

paesekopong
σινεμά

papatšo
διαφήμιση

lebone la seterateng
λάμπα δρόμου

seterata
οδός

thekisi
ταξί

lebenkele la dimonamonane
ψιλικατζίδικο

motho yo a sepelago
πεζός

pavement
πεζοδρόμιο

makopano a ditsela
διάβαση πεζών

paketana ya ditlakala
κάδος απορριμμάτων

magahlanong a tsela
διασταύρωση

mabone a go laola therafiki
φανάρια

mokutwana

καλύβα

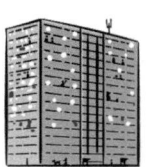

folete

διαμέρισμα

seteišene sa terene

σιδηροδρομικός σταθμός

holo ya toropong

δημαρχείο

museamo

μουσείο

sekolo

σχολείο

yunibesithi

πανεπιστήμιο

panka

τράπεζα

sepetlele

νοσοκομείο

hotele

ξενοδοχείο

lebenkele la dihlare

φαρμακείο

ofisi

γραφείο

lebenkele la dipuku

βιβλιοπωλείο

lebenkele la dijo

κατάστημα

lebenkele la matšoba

ανθοπωλείο

lebenkele la dihlare

σούπερ μάρκετ

mmakete

αγορά

lebenkele la dilo tše dintši

πολυκατάστημα

fishmonger's

ιχθυοπωλείο

lefelo la mabenkele

εμπορικό κέντρο

boemakepe

λιμάνι

phaka

πάρκο

bench

παγκάκι

leporogo

γέφυρα

ditepisi

σκάλες

ka tlase

μετρό

thanele

τούνελ

boemela pese

στάση λεωφορείου

bar

μπαρ

lebenkele la dijo

εστιατόριο

lepokisi la poso

γραμματοκιβώτιο

leswao la seterata

πινακίδα δρόμου

mithara wa go phaka koloi

παρκόμετρο

zuu

ζωολογικός κήπος

letamo la go rutha

πισίνα

lefelo la mamoseleme

τζαμί

polasa

αγρόκτημα

tšhilafalo

ρύπανση

mabitla

νεκροταφείο

kereke

εκκλησία

lefelo la go bapala

παιδική χαρά

tempele

ναός

## lefelo la dithaba

## τοπίο

letlakala
φύλλο

leswao la tsela
πινακίδα κατεύθυνσης

tsela
δρόμος

lefelo kgauswi le noka
λιβάδι

letlapa
πέτρα

mophara thaba
πεζοπόρος

mohlare
δέντρο

noka
ποτάμι

bjang
χορτάρι

letšoba
λουλούδι

tsela

κοιλάδα

thaba

λόφος

letangwana la meetsi

λίμνη

sethokgwa

δάσος

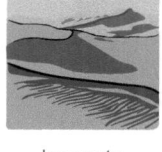

leganata

έρημος

thabamollo

ηφαίστειο

ntlo e kgolo

κάστρο

molalatladi

ουράνιο τόξο

mushroom

μανιτάρι

palm tree

φοίνικας

monang

κουνούπι

fofa

μύγα

ditšhošwane

μυρμήγκι

nosi

μέλισσα

segokgo

αράχνη

khunkhwane

σκαθάρι

segwagwa

βάτραχος

squirrel

σκίουρος

noko

σκαντζόχοιρος

mmutla

λαγός

leribiši

κουκουβάγια

nonyana

πουλί

mogolodi

κύκνος

kolobe ya naga

αγριογούρουνο

phuthi

ελάφι

phuthi

άλκη

letamo

φράγμα

wind turbine

ανεμογεννήτρια

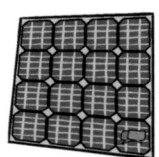

phanele ya solar

ηλιακός συλλέκτης

leratadima

κλίμα

# lebenkele la dijo

# εστιατόριο

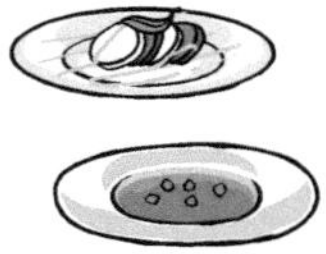

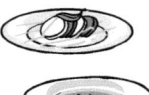

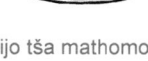

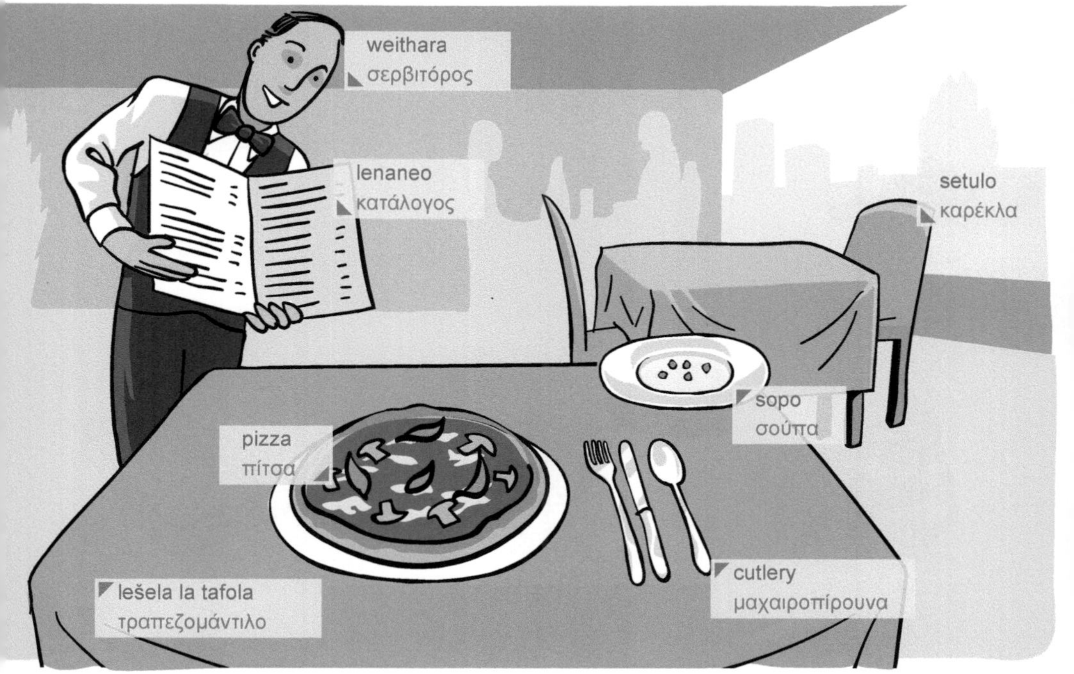
weithara
σερβιτόρος
lenaneo
κατάλογος
setulo
καρέκλα
sopo
σούπα
pizza
πίτσα
lešela la tafola
τραπεζομάντιλο
cutlery
μαχαιροπίρουνα

dijo tša mathomo

ορεκτικό

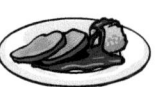

dijo

κύριο πιάτο

dimonamonane

επιδόρπιο

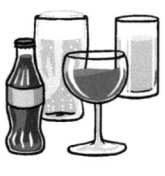

dino

ποτά

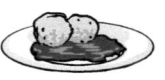

dijo

φαγητό

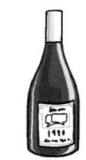

lepotlelo la ngwana

μπουκάλι

fastfood

φαστ φουντ

dijo tša seterateng

φαγητό στ' όρθιο

ketlele ya tea

τσαγιέρα

poleitana swikiri

δοχείο ζάχαρης

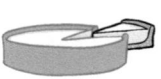

karolo

μερίδα

motšhene wa espresso

μηχανή εσπρέσο

setulo sa godimo

ψηλή καρέκλα

tefo

λογαριασμός

therei

δίσκος

thipa

μαχαίρι

foroko

πιρούνι

lelepola

κουτάλι

lelepola

κουταλάκι του τσαγιού

lešela la go iphomola

πετσέτα φαγητού

galase

ποτήρι

poleite

πιάτο

poleite ya sopo

πιάτο σούπας

sosara

πιατάκι φλιτζανιού

moroto

σάλτσα

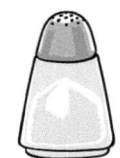

poto ya letswai

αλατιέρα

sešila phepha

μύλος για πιπέρι

vinegar

ξύδι

makhura

λάδι

sepaese

μπαχαρικά

tamatisoso

κέτσαπ

masetete

μουστάρδα

mayonnaise

μαγιονέζα

# lebenkele la dihlare
## σούπερ μάρκετ

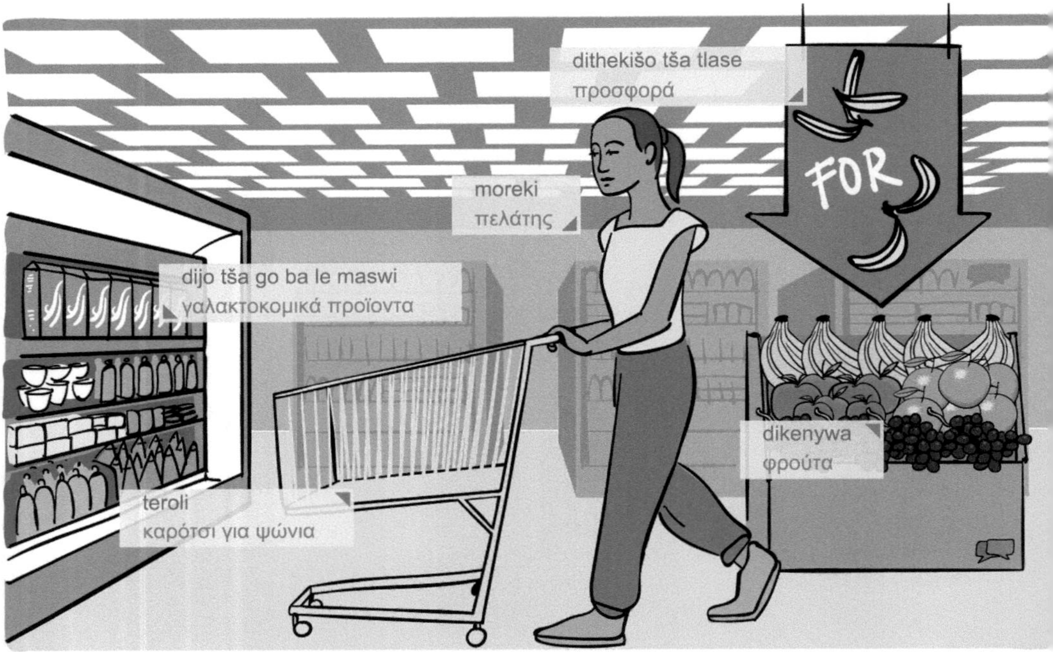
dithekišo tša tlase
προσφορά
FOR
moreki
πελάτης
dijo tša go ba le maswi
γαλακτοκομικά προϊόντα
dikenywa
φρούτα
teroli
καρότσι για ψώνια

BUTCHERS

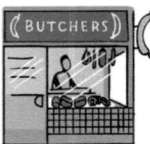

selaga

κρεοπωλείο

BAKERY

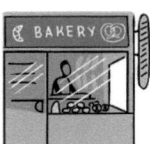

moapei wa dikuku

φούρνος

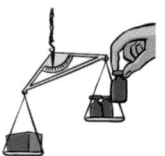

kala

ζυγίζω

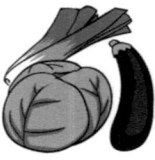

merogo

λαχανικά

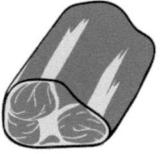

nama

κρέας

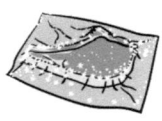

dijo tše gahlišitšwego

κατεψυγμένα τρόφιμα

nama ya go tonya

αλλαντικά

tinned food

κονσερβοποιημένη τροφή

sešepi sa go hlatswa

απορρυπαντικό ρούχων

dimonamonane

γλυκά

dilo tša ka ntlong

οικιακά είδη

didirišwa tša go hlwekiša

καθαριστικά προϊόντα

morekiši

πωλήτρια

till

ταμείο

morekiši

ταμίας

lenaneo la tše rekišwago

λίστα για ψώνια

diiri tša go bula

ωράριο λειτουργίας

sepatšhe

πορτοφόλι

karata ya mokitlana

πιστωτική κάρτα

peke

τσάντα

peke ya polasetiki

πλαστική σακούλα

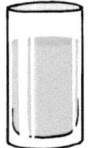

meetsi

νερό

Juice

χυμός

maswi

γάλα

coke

κόκα κόλα

beine

κρασί

bhiri

μπίρα

bjala

αλκοόλ

cocoa

κακάο

tea

τσάι

kofi

καφές

espresso

εσπρέσο

cappuccino

καπουτσίνο

banana

μπανάνα

apola

μήλο

namome

πορτοκάλι

melon

πεπόνι

namone

λεμόνι

carrot

καρότο

garlic

σκόρδο

bamboo

μπαμπού

keiye

κρεμμύδι

mushroom

μανιτάρι

ditokomane

ξηροί καρποί

noodles

νουντλς

spaghetti

μακαρόνια

raese

ρύζι

salate

σαλάτα

ditšhipisi

πατατάκια

matapola a gadikilwego

τηγανητές πατάτες

pizza

πίτσα

hambeka

χάμπουργκερ

sandwich

σάντουιτς

cutlet

κοτολέτα

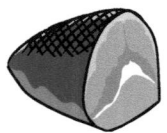

ham

ζαμπόν

salami

σαλάμι

sausage

λουκάνικο

kgogo

κοτόπουλο

gadika

ψητό

hlaphi

ψάρι

bogobe bja oats

χυλός βρώμης

muesli

μούσλι

cornflakes

κορν φλέικς

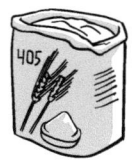

folouro

αλεύρι

croissant

κρουασάν

dipanse

ψωμάκι

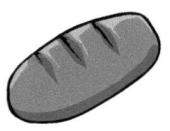

borotho

ψωμί

toaster

τοστ

dipisikiti

μπισκότα

botoro

βούτυρο

curd

τυρόπηγμα

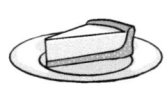

kuku

κέικ

lee

αυγό

lee le gadikilwego

τηγανητό αυγό

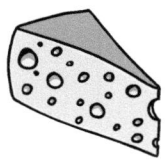

tshese

τυρί

dijo - φαγητό

ice cream

παγωτό

swikiri

ζάχαρη

todi ya dinosi

μέλι

jeme

μαρμελάδα

chocolate spread

άλλειμμα σοκολάτας

curry

κάρυ

dijo - φαγητό

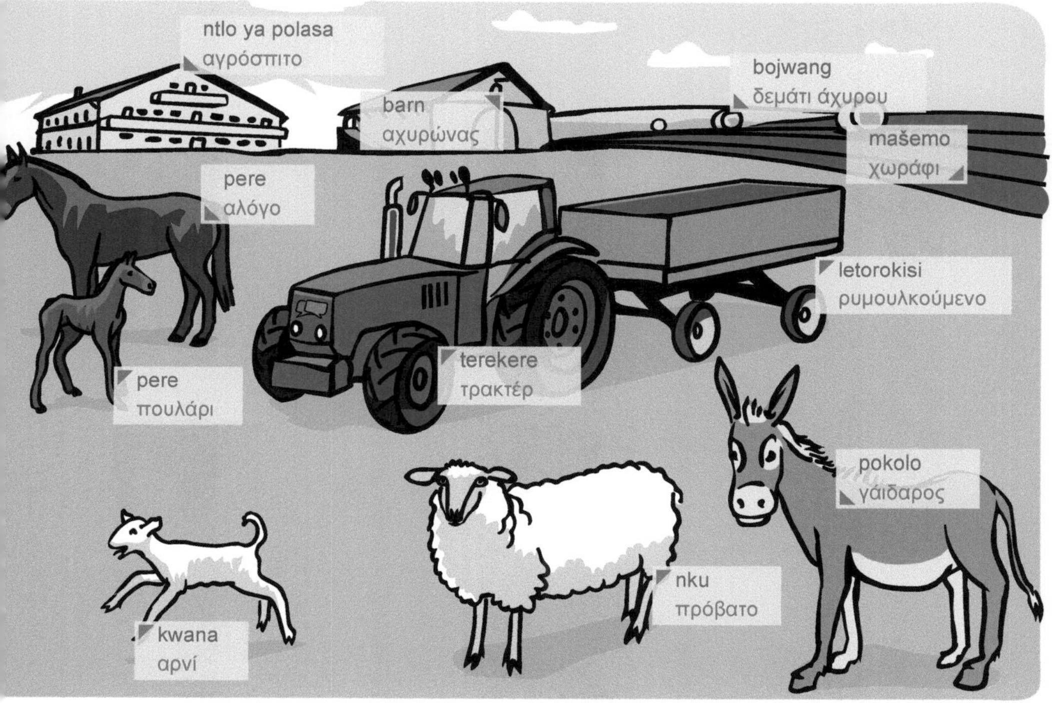

ntlo ya polasa
αγρόσπιτο

barn
αχυρώνας

bojwang
δεμάτι άχυρου

mašemo
χωράφι

pere
αλόγο

letorokisi
ρυμουλκούμενο

pere
πουλάρι

terekere
τρακτέρ

pokolo
γάιδαρος

nku
πρόβατο

kwana
αρνί

pudi

κατσίκα

kgomu

αγελάδα

namane

μοσχαράκι

kolobe

γουρούνι

kolobjana

γουρουνάκι

poo

ταύρος

leganse

χήνα

leganse

πάπια

letswienyane

κοτοπουλάκι

kgogo

κότα

mokoko

κόκορας

legotlo

αρουραίος

katse

γάτα

legotlo

ποντίκι

pholo

βόδι

mpša

σκύλος

ntlwana ya mpša

σπιτάκι σκύλου

lethompo la seratswana

λάστιχο κήπου

khene ya meetse

ποτιστήρι

peke

θεριστήρι

megoma ya terekere

αλέτρι

polasa - αγρόκτημα

sekele

δρεπάνι

mogoma

τσάπα

foroko

δίκρανο

selepe

τσεκούρι

kiribai

χειράμαξα

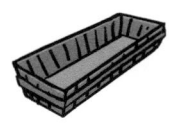

letangwana la meetsi

ταΐστρα

khene ya maswi

δοχείο γάλακτος

lesaka

σάκος

fense

φράχτης

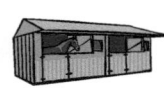

stable

στάβλος

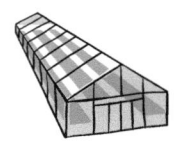

ntlwana ya galase ya dihlare

θερμοκήπιο

mobu

έδαφος

peu

σπόρος

manyora

λίπασμα

motšhene wa go buna

θεριζοαλωνιστική μηχανή

buna

θερίζω

buna

συγκομιδή

tse monate

γιαμς

korong

σιτάρι

soy

σόγια

letapola

πατάτα

korong

καλαμπόκι

rapeseed

κράμβη

mohlare wa dikenywa

οπωροφόρο δέντρο

cassava

μανιόκα

disereale

δημητριακά

# ntlo
## σπίτι

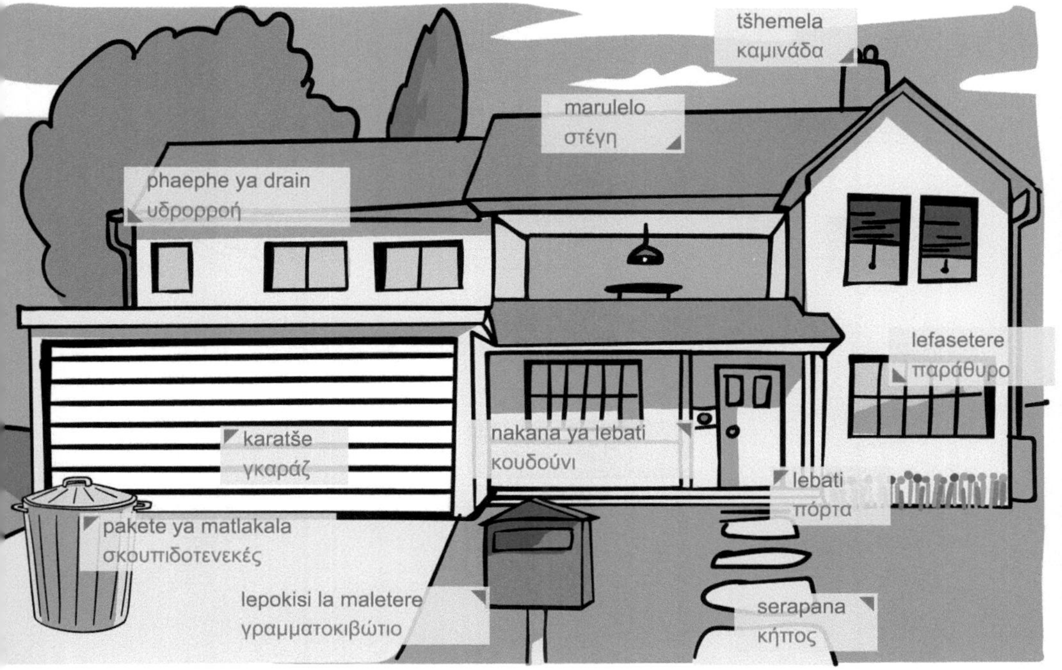

tšhemela
καμινάδα
marulelo
στέγη
phaephe ya drain
υδρορροή
lefasetere
παράθυρο
karatše
γκαράζ
nakana ya lebati
κουδούνι
lebati
πόρτα
pakete ya matlakala
σκουπιδοτενεκές
lepokisi la maletere
γραμματοκιβώτιο
serapana
κήπος


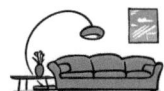

phapoši ya go dula

σαλόνι

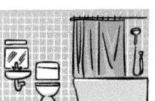

kamora ya go hlapela

μπάνιο

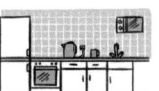

boapeelo

κουζίνα

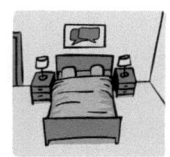

phapoši ya go robala

υπνοδωμάτιο

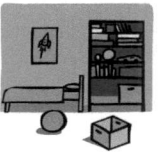

phapoši ya bana

παιδικό δωμάτιο

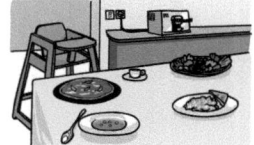

lefelo la boiketlo

τραπεζαρία

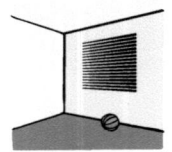

fase

πάτωμα

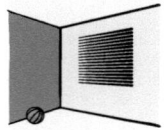

lebota

τοίχος

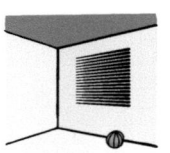

siling

οροφή

cellar

κελάρι

sauna

σάουνα

letsikangope

μπαλκόνι

lelapa

βεράντα

letamo la go rutha

πισίνα

motšhene wa go sega bjang

μηχανή του γκαζόν

lešela la go iphomola

σεντόνι

lešela la mpeto

κάλυμμα κρεβατιού

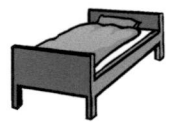

mpeto

κρεβάτι

leswielo

σκούπα

pakete

κουβάς

pholaka

διακόπτης

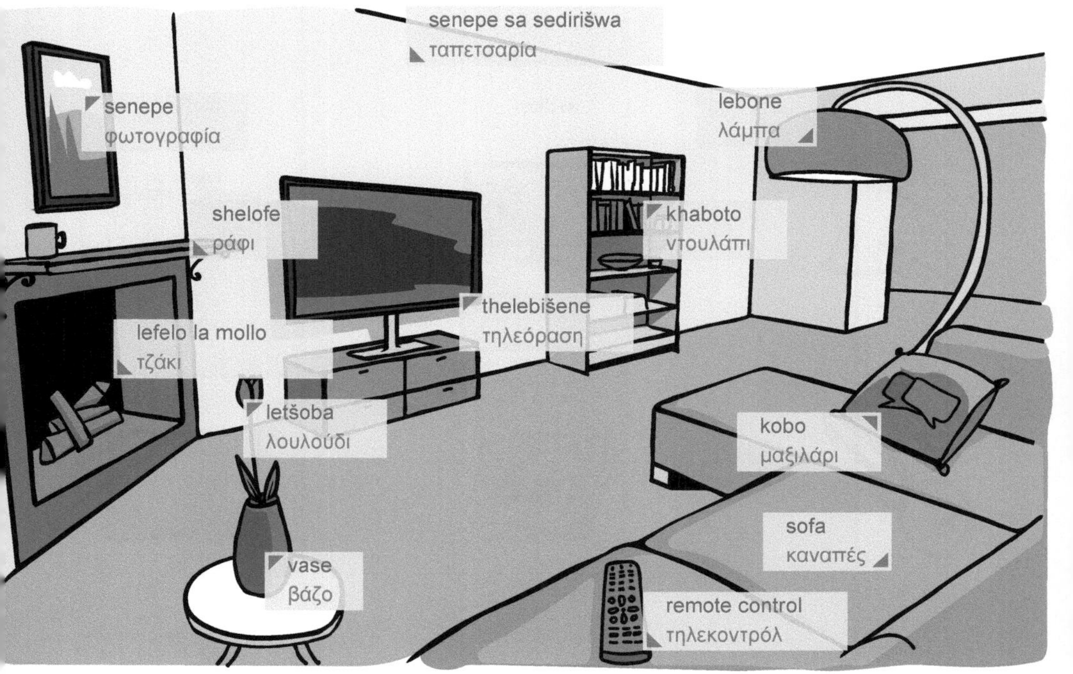

senepe sa sediriswa
ταπετσαρία

senepe
φωτογραφία

lebone
λάμπα

shelofe
ράφι

khaboto
ντουλάπι

thelebišene
τηλεόραση

lefelo la mollo
τζάκι

letšoba
λουλούδι

kobo
μαξιλάρι

sofa
καναπές

vase
βάζο

remote control
τηλεκοντρόλ

khaphete
χαλί

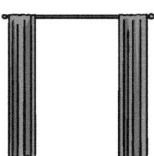

garetene
κουρτίνα

tafola
τραπέζι

setulo
καρέκλα

rocking chair
κουνιστή πολυθρόνα

armchair
πολυθρόνα

buka

βιβλίο

kobo

κουβέρτα

bokgabišo

διακόσμηση

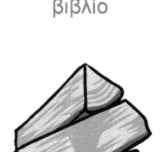

dikota tša mollo

καυσόξυλα

filimi

ταινία

sedirišwa sa hi-fi

στερεοφωνικό σύστημα

senotlelo

κλειδί

kuranta

εφημερίδα

go penta

πίνακας ζωγραφικής

phouseta

αφίσα

radio

ραδιόφωνο

pukwana ya go ngwala

σημειωματάριο

motšhene wa go hlwekiša

ηλεκτρική σκούπα

mohlašana wa cactus

κάκτος

kerese

κερί

# boapeelo
# κουζίνα

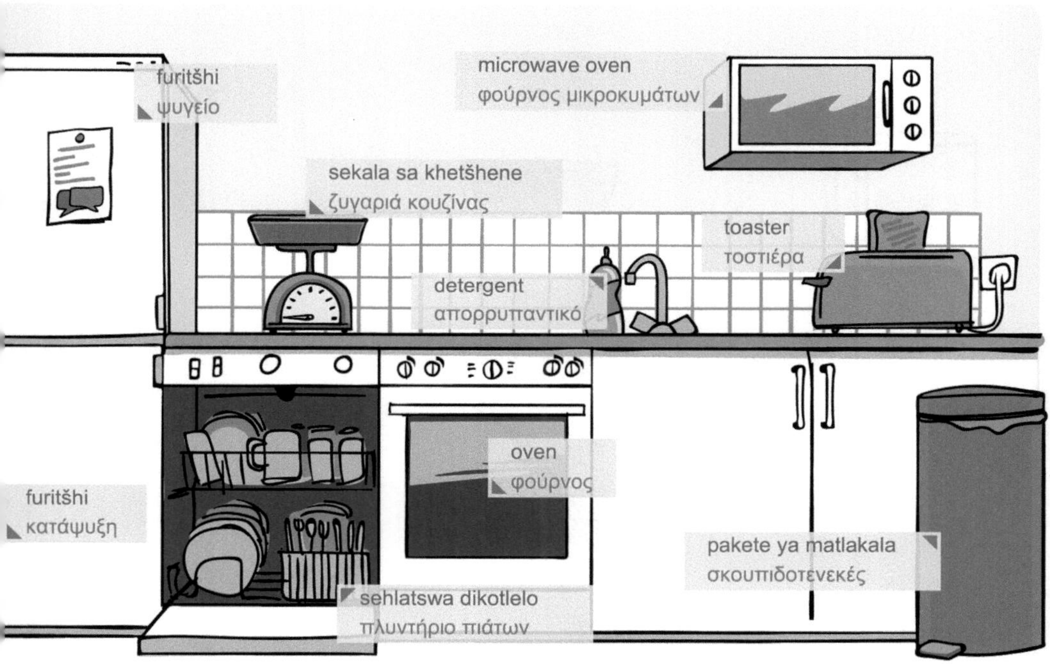

furitšhi
ψυγείο
microwave oven
φούρνος μικροκυμάτων
sekala sa khetšhene
ζυγαριά κουζίνας
toaster
τοστιέρα
detergent
απορρυπαντικό
oven
φούρνος
furitšhi
κατάψυξη
pakete ya matlakala
σκουπιδοτενεκές
sehlatswa dikotlelo
πλυντήριο πιάτων


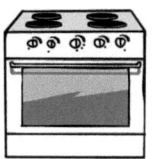

moapei

κουζίνα

pitša

κατσαρόλα

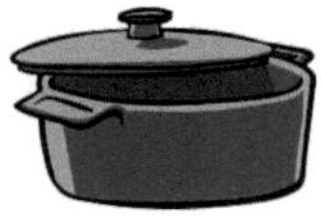

cast-iron pot

μαντεμένια κατσαρόλα

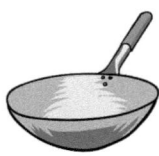

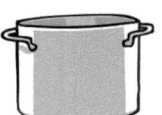

wok / kadai

γουόκ/καντάι

pane

τηγάνι

ketlele

βραστήρας

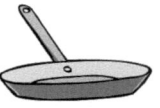

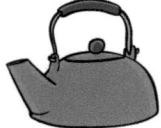

steamer

ατμομάγειρας

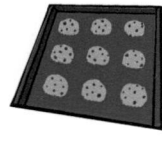

therei ya go paka

ταψί

dikotlelo

πιατικά

komiki

κούπα

mogopo

μπολ

diphathana tša go ja

ξυλάκια

lelepola la ladle

κουτάλα

spatula

σπάτουλα

whisk

ανακατεύω

strainer

σουρωτήρι

sefo

σουρωτηράκι

kereitara

τρίφτης

mortar

γουδί

barbecue

ψησταριά

thuntšha

ανοιχτή φωτιά

boto ya dijo

σανίδα κοπής

rolling pin

πλάστης

sebula lepotlelo

ανοιχτήρι φελλών

khene

κονσέρβα

sebula khene

ανοιχτήρι κονσέρβας

seswara dipoto

γάντι φούρνου

sinki

νεροχύτης

borashe

βούρτσα

sepontše

σφουγγάρι

sehlakanyi

μπλέντερ

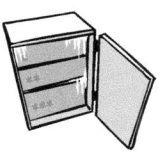

freezer

καταψύκτης

lepotlelo la ngwana

μπιμπερό

pompi

βρύση

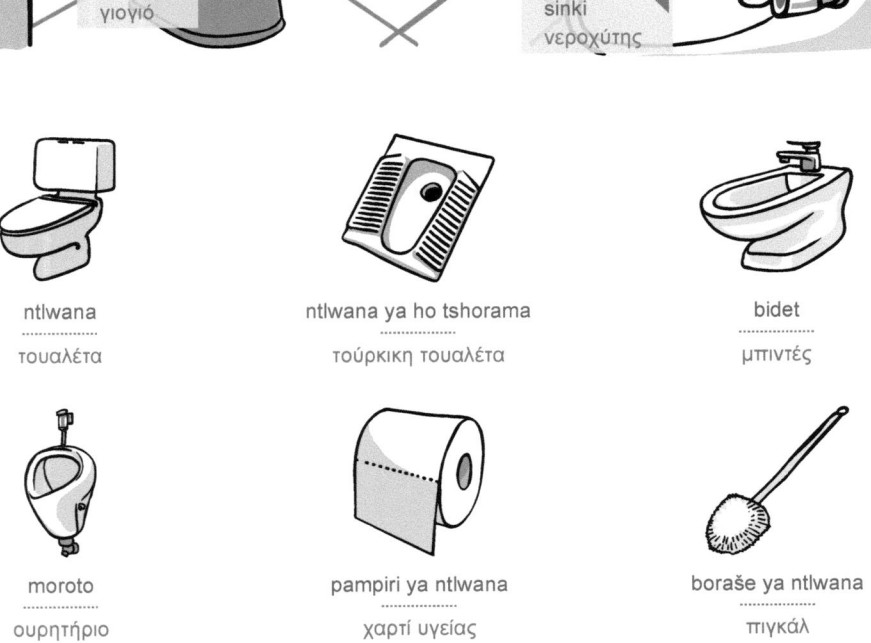

# kamora ya go hlapela

## μπάνιο

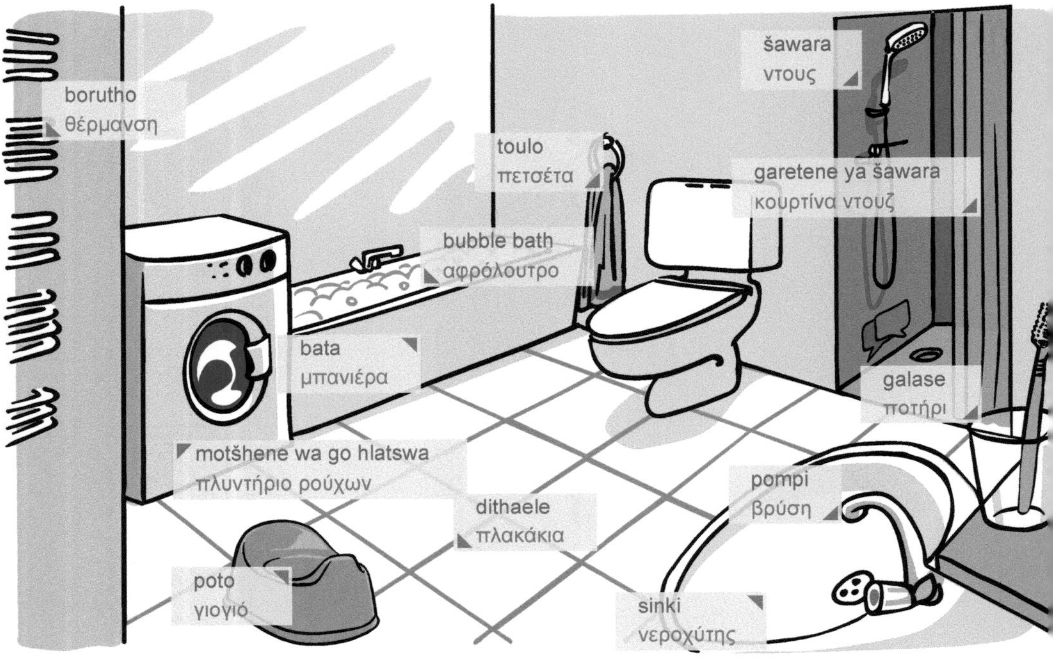
borutho
θέρμανση
toulo
πετσέτα
šawara
ντους
garetene ya šawara
κουρτίνα ντουζ
bubble bath
αφρόλουτρο
bata
μπανιέρα
galase
ποτήρι
motšhene wa go hlatswa
πλυντήριο ρούχων
pompi
βρύση
dithaele
πλακάκια
poto
γιογιό
sinki
νεροχύτης

ntlwana

τουαλέτα

ntlwana ya ho tshorama

τούρκικη τουαλέτα

bidet

μπιντές

moroto

ουρητήριο

pampiri ya ntlwana

χαρτί υγείας

boraše ya ntlwana

πιγκάλ

boraše ya ho hlapa meno

οδοντόβουρτσα

sešepi sa meno

οδοντόκρεμα

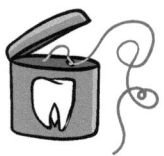

floss ya meno

οδοντικό νήμα

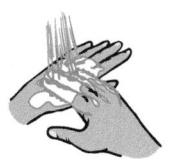

hlatswa

πλένω

shawara ya go swarwa ka matsogo

τηλέφωνο ντους

douche

ντουσιέρα

basin

λεκάνη

back brush

βούρτσα πλάτης

sešepi

σαπούνι

sešepi sa ka šawareng

αφρόλουτρο

shampoo

σαμπουάν

folene

φανέλα

drain

σιφόνι

sa go tlola

κρέμα

senkgiša bose

αποσμητικό

seipone

καθρέφτης

sepili se senyenyane

καθρέφτης χειρός

legare

ξυραφάκι

shaving foam

αφρός ξυρίσματος

aftershave

αφτερσέιβ

kamo

χτένα

boraše

βούρτσα

derayara ya moriri

σεσουάρ

setlola sa moriri

λακ

makeup

μακιγιάζ

setlola sa molomo

κραγιόν

varnish ya manala

βερνίκι νυχιών

wulu

βαμβάκι

sekero sa dinala

ψαλίδι νυχιών

phefumo

άρωμα

pekana ya tša go hlapa

νεσεσέρ

setulo

σκαμπό

sekala

ζυγαριά

toulwana ya go hlapa

μπουρνούζι

ditlelafo tša rabara

ελαστικά γάντια

tampon

ταμπόν

toulo ya go phumula matsogo

πετσέτα υγιεινής

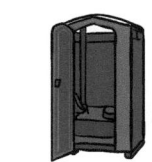

ntlwana ya dikhemikhale

χημική τουαλέτα

# phapoši ya bana

# παιδικό δωμάτιο

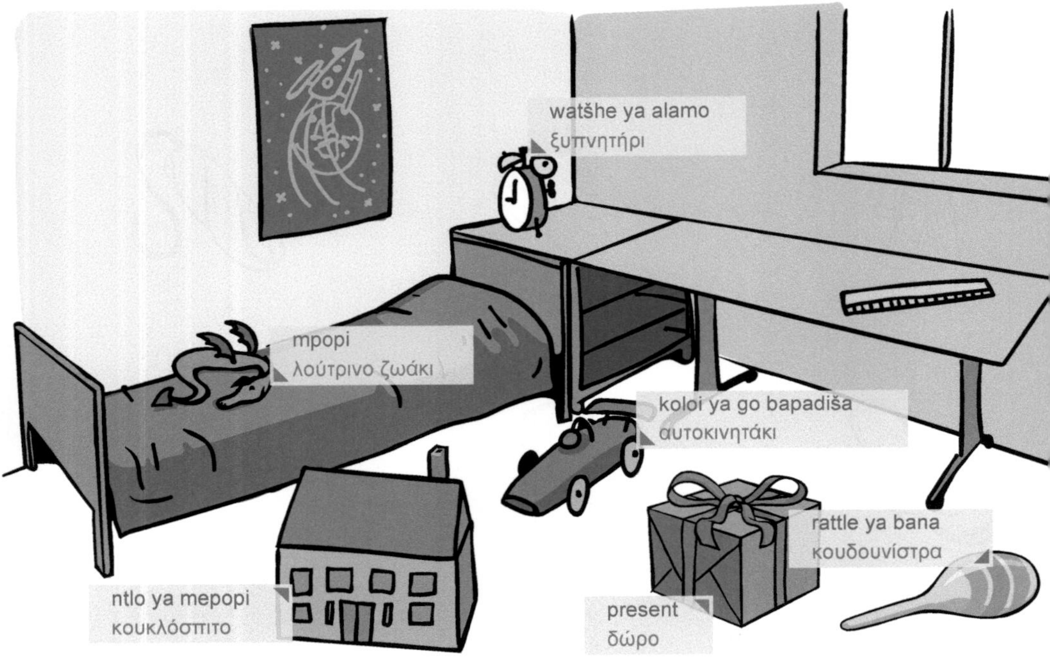
watšhe ya alamo
ξυπνητήρι
mpopi
λούτρινο ζωάκι
koloi ya go bapadiša
αυτοκινητάκι
rattle ya bana
κουδουνίστρα
ntlo ya mepopi
κουκλόσπιτο
present
δώρο

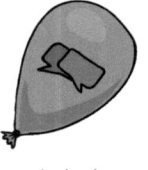

baluni

μπαλόνι

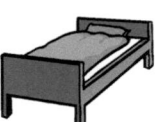

mpeto

κρεβάτι

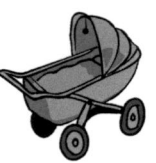

phorema

καροτσάκι

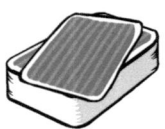

dikarata

τράπουλα

papadi ya jigsaw

παζλ

SUPER MEGA

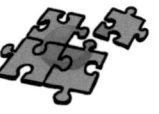

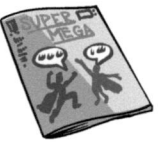

metlae

κόμικς

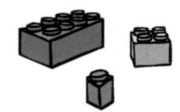

papadi ya lego bricks

τουβλάκια lego

papadi ya building blocks

τουβλάκια κατασκευών

action figure

φιγούρα δράσης

go gola ga ngwana

βρεφικό φορμάκι

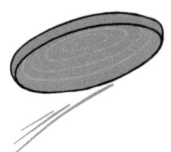

papadi ya Frisbee

φρίσμπι

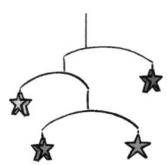

mobile

μόμπιλο

papadi ya boto

επιτραπέζιο παιχνίδι

letaese

ζάρια

model train set

σετ τρενάκι

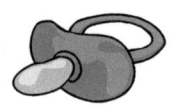

tami

πιπίλα

phathi

πάρτι

puku ya dinepe

εικονογραφημένο βιβλίο

kgwele

μπάλα

mpopi

κούκλα

bapala

παίζω

sandpit

σκάμμα με άμμο

swing

κούνια

tša go bapadiša

παιχνίδια

sedirišwa sa dipapadi tša bidio

κονσόλα βιντεοπαιχνιδιών

paesekele ya bana

τρίκυκλο

teddy bear

αρκουδάκι

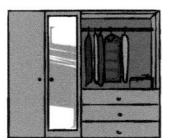

oteropo

ντουλάπα

## diaparo
## ρούχα

masokisi

κάλτσες

masokisi

καλτσοδέτες

pentihouso

καλσόν

sekhafo
κασκόλ

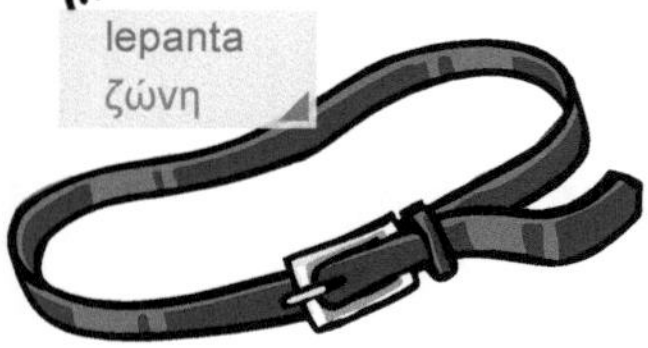

amporela
ομπρέλα

sekhipha
μπλουζάκι

lepanta
ζώνη

diputsu
μπότες

deselephara
παντόφλες

diteki
αθλητικά παπούτσια

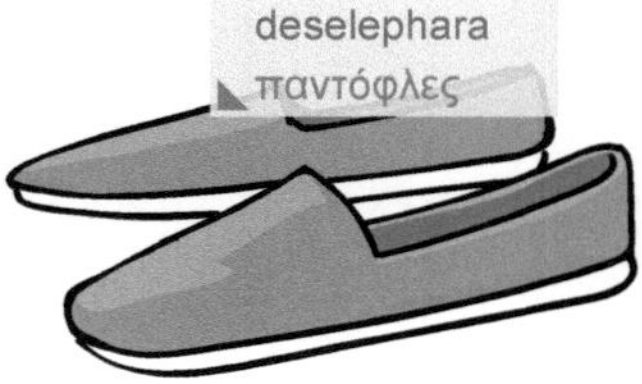

ramphešane
σανδάλια

dieta
παπούτσια

diputsu tša rabara
γαλότσες

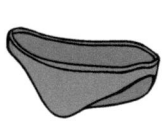

borokgwana bja ka fase
εσώρουχο

seaparo sa bra
σουτιέν

besete
φανέλα

mmele
σώμα

marokgo
παντελόνι

pokathe
τζιν παντελόνι

sekhethe
φούστα

seaparo sa blouse
μπλούζα

hempe
πουκάμισο

jase
πουλόβερ

jase
πουλόβερ

seaparo sa blazer
σακάκι

baki
μπουφάν

jase
παλτό

jase ya pula
αδιάβροχο πανωφόρι

khosetumo
κοστούμι

roko
φόρεμα

lešira
νυφικό

sutu

κοστούμι

seaparo sa go robala

νυχτικό

dipejama

πιτζάμες

sari

σάρι

sekafo

μαντήλι

turban

τουρμπάνι

seaparo sa burqa

μπούρκα

roko ya kaftan

καφτάνι

abaya

μουσουλμανικό ένδυμα

seaparo sa go rutha

ολόσωμο μαγιό

diteranka

ανδρικό μαγιό

marukgwana a manyenyane

σορτς

terekesutu

αθλητική φόρμα

apron

ποδιά

ditlelafo

γάντια

konope

κουμπί

digalase

γυαλιά

boreiselete

βραχιόλι

nekeleise

περιδέραιο

palamonwana

δαχτυλίδι

lengena

σκουλαρίκι

kepisi

καπέλο

hengere ya jase

κρεμάστρα

kefa

καπέλο

thai

γραβάτα

zip

φερμουάρ

helmete

κράνος

braces

τιράντες

diaparo tša sekolo

μαθητική στολή

unifomo

στολή

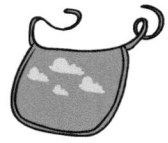

seaparo sa bib

σαλιάρα

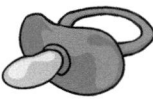

tami

πιπίλα

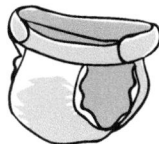

mongato

πάνα

# ofisi

# γραφείο

sebara
σέρβερ
lekase la difaele
αρχειοθήκη
letlakala
χαρτί
phrinthara
εκτυπωτής
monitharaw
οθόνη
tafola
γραφείο
mouse
ποντίκι
foldara
ντοσιέ
keybhoto
πληκτρολόγιο
ete ya matlakala a ditšhila
ι αχρήστων
setulo
καρέκλα
khomphutha
υπολογιστής


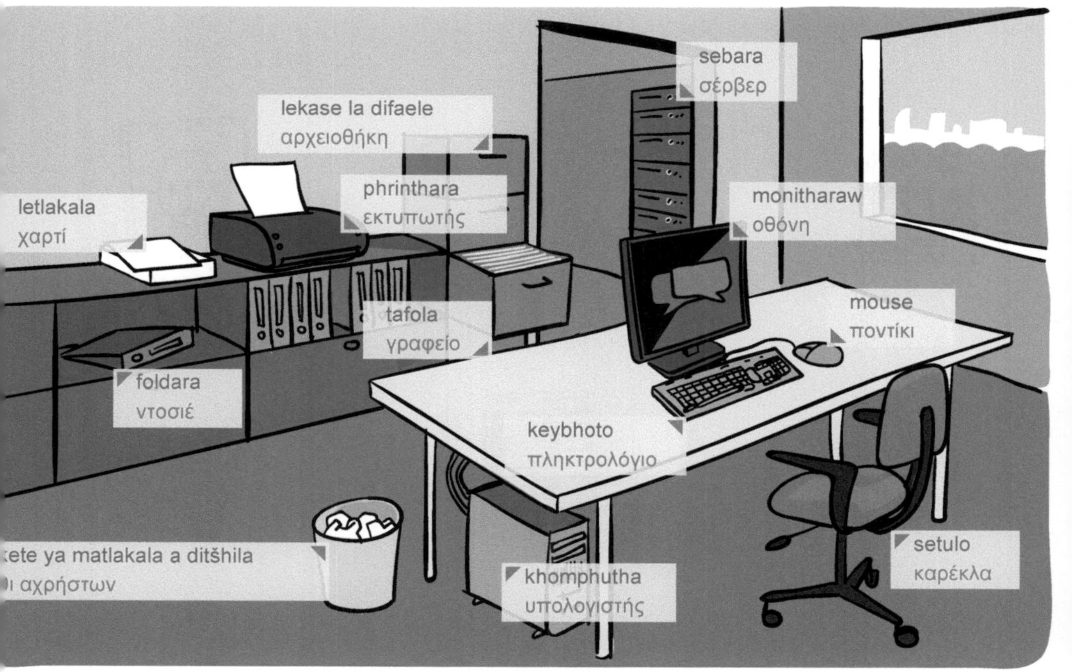

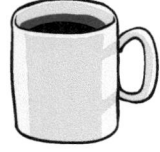

komiki ya kofi

κούπα του καφέ

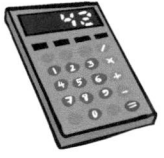

khalekhuleitha

κομπιουτεράκι

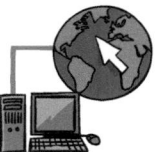

inthanete

ίντερνετ

laptop
λάπτοπ

lengwalo
γράμμα

molaetša
μήνυμα

mogalathekeng
κινητό

netweke
δίκτυο

motšhene wa go
photokhopa
φωτοτυπικό μηχάνημα

software
λογισμικό

mogala
τηλέφωνο

pholaka ya sokete
πρίζα

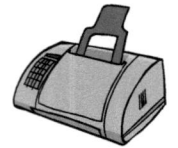

motšhine wa go fekesa
συσκευή φαξ

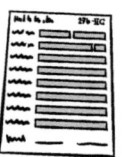

fomo
έντυπο

dipampiri
έγγραφο

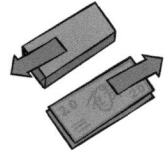

reka

αγοράζω

lefa

πληρώνω

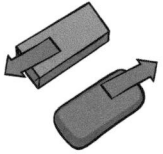

rekiša

συναλλάσσομαι

tšhelete

χρήματα

dollar

δολάριο

euro

ευρώ

yen

γιεν

rouble

ρούβλι

Swiss franc

ελβετικό φράγκο

renminbi yuan

ρενμίνμπι γιουάν

rupee

ρουπία

lefelo la go ntšha tšhelete

ATM (αυτόματη ταμειακή μηχανή)

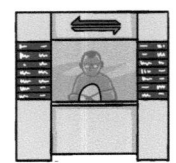

lefelo la go fetola tšhelete

ανταλλακτήρια
συναλλάγματος

gauta

χρυσός

silifera

ασήμι

oil

πετρέλαιο

matla

ενέργεια

poraese

τιμή

konteraka

συμβόλαιο

motšhelo

φόρος

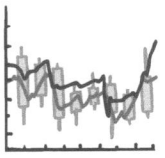

setokho

μετοχή

mošomo

δουλεύω

mošomi

υπάλληλος

mothwadi

εργοδότης

feketori

εργοστάσιο

lebenkele la dijo

κατάστημα

lephodisa
αστυνόμος

setimamollo
πυροσβέστης

apea
μάγειρας

ngaka
γιατρός

mofoši wa difofane
πιλότος

nohlokomedi wa dirapana

κηπουρός

mmetli

ξυλουργός

moroki

μοδίστρα

moahlodi

δικαστής

khemise

χημικός

mmapadi

ηθοποιός

**mootledi wa pase**

οδηγός λεωφορείου

**mootledi wa thekisi**

ταξιτζής

**moswara dihlapi**

ψαράς

**mosadi wa go hlwekiša**

καθαρίστρια

**molokiša marulelo**

τεχνίτης στεγών

**weithara**

σερβιτόρος

**motsomi**

κυνηγός

**motho wa go penta**

ζωγράφος

**mopaki**

αρτοποιός

**electrician**

ηλεκτρολόγος

**moagi**

οικοδόμος

**moenjeneare**

μηχανολόγος

**selaga**

κρεοπώλης

**polambara**

υδραυλικός

**mosepediši wa poso**

ταχυδρόμος

**mohlabani**

στρατιώτης

**mothadi wa dintlo**

αρχιτέκτονας

**morekiši**

ταμίας

**molemi wa matšoba**

ανθοπώλης

**mologi wa moriri**

κομμωτής

**molaodi**

ελεγκτής εισιτηρίων

**mekhenikhe**

μηχανικός

**mokapotene**

καπετάνιος

**ngaka ya meno**

οδοντίατρος

**rathutamahlale**

επιστήμονας

**moruti**

ραβίνος

**moetapele wa dithapelo**

ιμάμης

**monk**

μοναχός

**moruti**

ιερέας

# didirišwa

# εργαλεία

hamola
σφυρί
screwdriver
κατσαβίδι
sepanere
Γαλλικό κλειδί
tang
πένσα
lebone
φακός

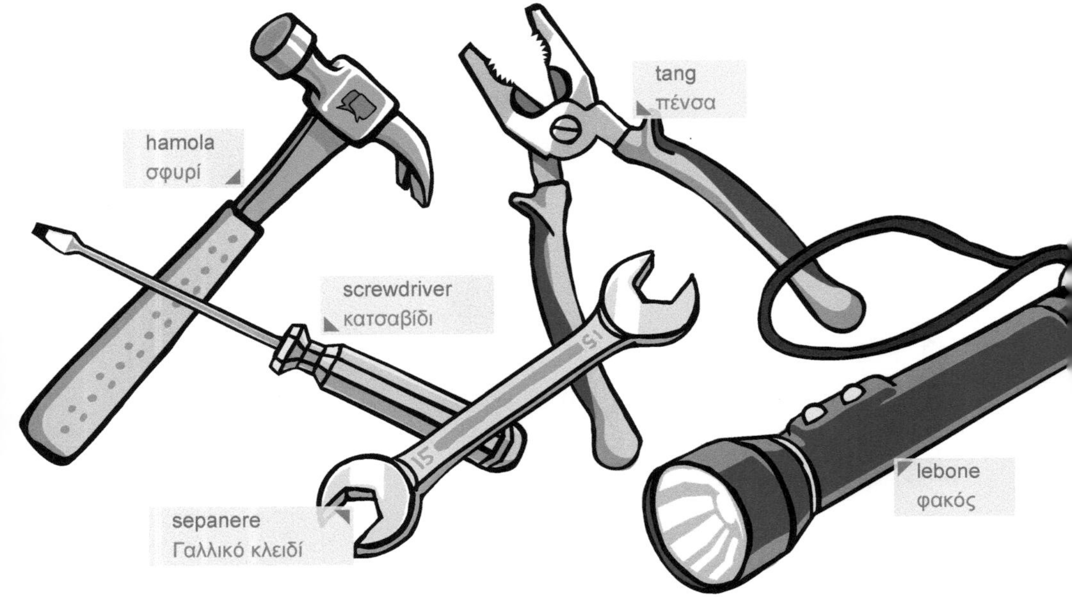

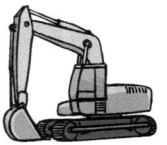

seepi

εκσκαφέας

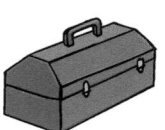

lepokisi la dithulusi

εργαλειοθήκη

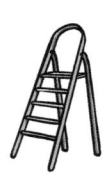

llere

σκάλα

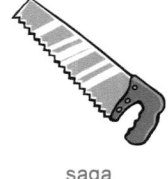

saga

πριόνι

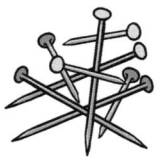

dipikiri

καρφιά

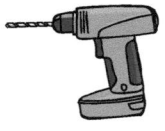

sebori

τρυπάνι

lokiša

επισκευάζω

garafo

φτυάρι

ijoo!

Να πάρει!

seolela matlakala

φαράσι

pitša ya pente

δοχείο χρωμάτων

sekurufu

βίδες

## didirišwa tša mmino
## μουσικά όργανα

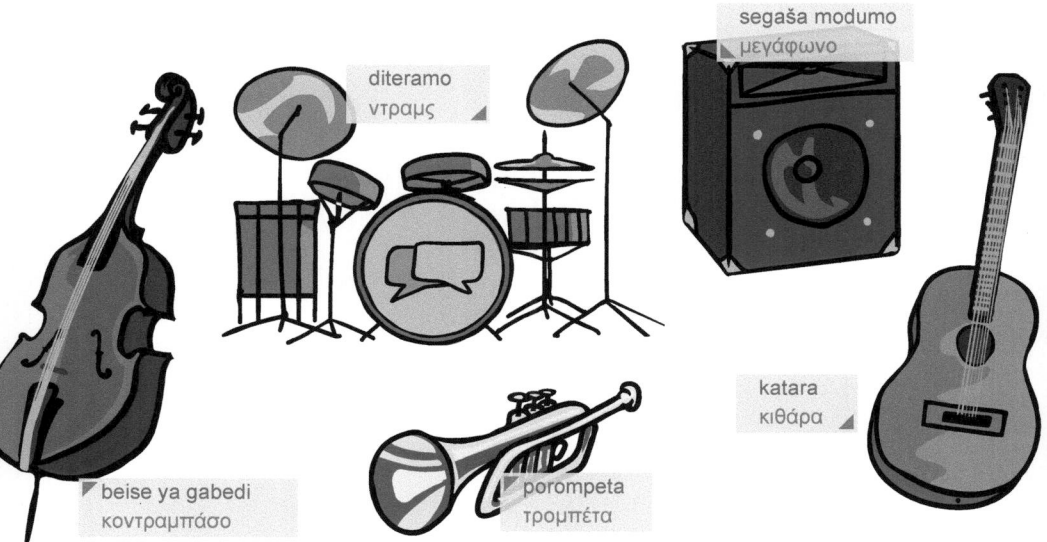

segaša modumo
μεγάφωνο

diteramo
ντραμς

katara
κιθάρα

beise ya gabedi
κοντραμπάσο

porompeta
τρομπέτα

piano

πιάνο

violin

βιολί

beise

μπάσο

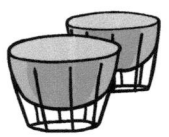

timpani

τύμπανα

diteramo

τύμπανο

keybhoto

πλήκτρα

saxophone

σαξόφωνο

phala

φλάουτο

mmaekrofouno

μικρόφωνο

# zuu

## ζωολογικός κήπος

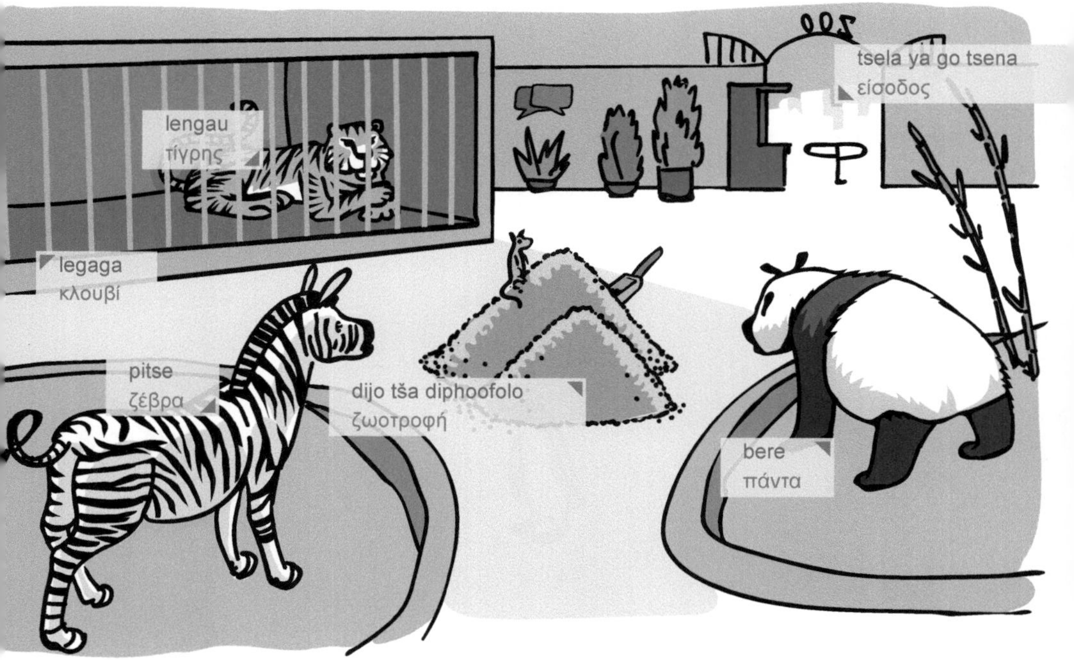

lengau
τίγρης
legaga
κλουβί
pitse
ζέβρα
dijo tša diphoofolo
ζωοτροφή
bere
πάντα
tsela ya go tsena
είσοδος


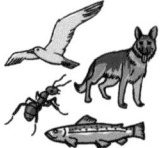

diphoofolo
ζώα

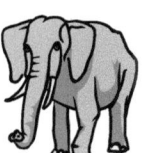

tlou
ελέφαντας

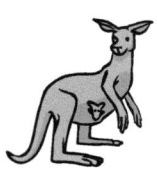

kangaroo
καγκουρό

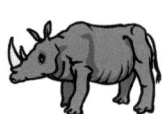

tšhukudu
ρινόκερος

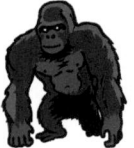

gorilla
γορίλας

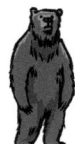

bere
αρκούδα

kamela

καμήλα

mpšhe

στρουθοκάμηλος

tau

λιοντάρι

tšhwene

πίθηκος

nonyana ya flamingo

φλαμίνγκο

nonyana ya parrot

παπαγάλος

bere ya polar

πολική αρκούδα

penguin

πιγκουίνος

shark

καρχαρίας

phikoko

παγώνι

noga

φίδι

kwena

κροκόδειλος

mohlokomedi wa di zoo

φύλακας ζωολογικού κήπου

sili

φώκια

jaquar

τζάγκουαρ

pokolo

πόνυ

lepogo

λεοπάρδαλη

hippo

ιπποπόταμος

thutlwa

καμηλοπάρδαλη

lenong

αετός

kolobe ya naga

αγριογούρουνο

hlaphi

ψάρι

khudu

χελώνα

walrus

θαλάσσιος ίππος

phiri

αλεπού

phuthi

γαζέλα

kgwele ya Amerika
Αμερικάνικο ποδόσφαιρο

go reila paesekela
ποδηλασία

thenese
αντισφαίριση

basketball
μπάσκετ

go rutha
κολύμβηση

ntwa ya matswele
πυγμαχία

hockey ya lehlweng
χόκεϋ επί πάγου

kgwele ya maoto

ποδόσφαιρο

badminton

μπάντμιντον

bakitimi

στίβος

polo ya matsogo

χάντμπολ

skiing

σκι

polo

πόλο

# mediro

# δραστηριότητες

taboga
πηδάω
gokara
αγκαλιάζω
sega
γελάω
sepela
περπατάω
opela
τραγουδάω
lora
ονειρεύομαι
rapela
προσεύχομαι
atla
φιλάω

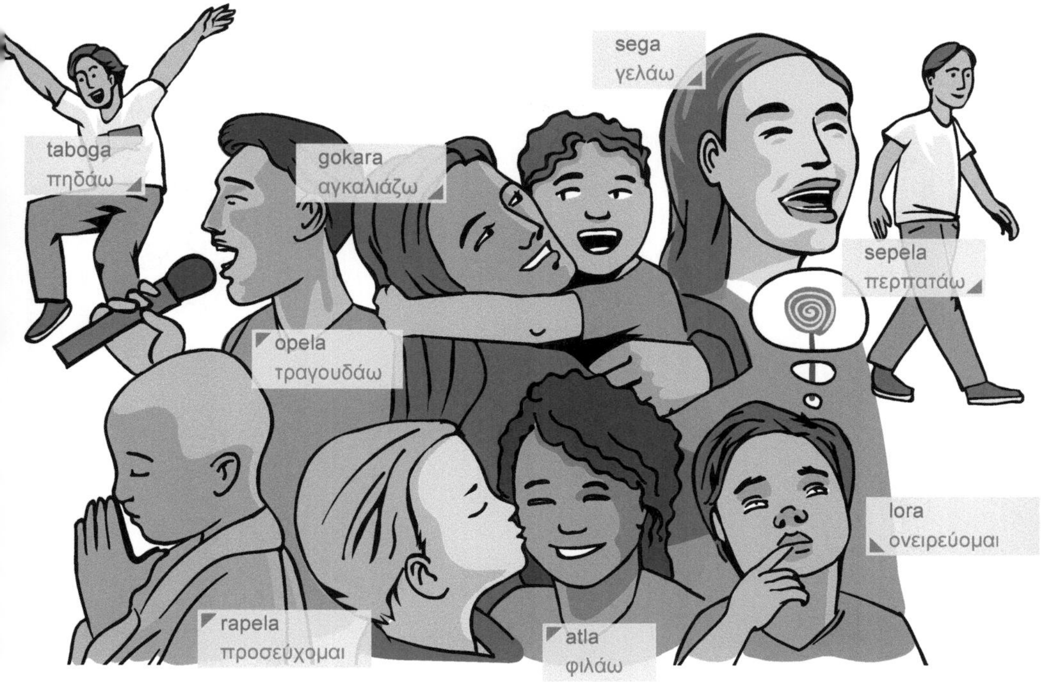

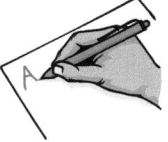

ngwala

γράφω

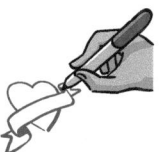

thala

σχεδιάζω

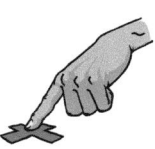

bontšha

δείχνω

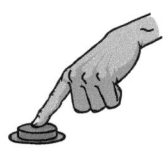

kgorometša

πιέζω

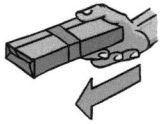

efa

δίνω

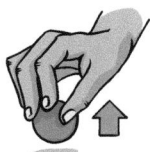

tšea

παίρνω

e ba le

έχω

dira

κάνω

eba

είμαι

ema

στέκομαι

kitima

τρέχω

goga

τραβάω

lahlela

ρίχνω

e wa

πέφτω

maaka

ξαπλώνω

emanyana

περιμένω

rwala

κουβαλώ

dula

κάθομαι

go apara

φοράω

robala

κοιμάμαι

tsoga

ξυπνάω

lebelela

κοιτάω

lla

κλαίω

seterouko

χαϊδεύω

kamo

χτενίζω

bolela

μιλάω

kwešiša

καταλαβαίνω

botšiša

ρωτάω

theetša

ακούω

e nwa

πίνω

eja

τρώω

hlwekiša

συγυρίζω

lerato

αγαπάω

apea

μαγειρεύω

otlela

οδηγώ

fofa

πετάω

**sesa**

κάνω ιστιοπλοΐα

**khalekhuleitha**

υπολογίζω

**bala**

διαβάζω

**ithute**

μαθαίνω

**mošomo**

δουλεύω

**nyala**

παντρεύομαι

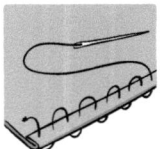

**roka**

ράβω

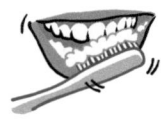

**hlapa meno**

βουρτσίζω τα δόντια

**bolaya**

σκοτώνω

**kgoga**

καπνίζω

**romela**

στέλνω

makgolo
γιαγιά

rakgolo
παππούς

tate
πατέρας

mma
μητέρα

ngwana
μωρό

morwedi
κόρη

morwa
γιος

**moeng**

καλεσμένος

**rakgadi**

θεία

**malome**

θείος

**abuti**

αδελφός

**sesi**

αδελφή

# mmele

# σώμα

phatla
μέτωπο
leihlo
μάτι
magetla
ώμος
monwana
δάχτυλο
sefahlego
πρόσωπο
seledu
πιγούνι
seatla
χέρι
leoto
πόδι
letswele
στήθος
letsogo
βραχίονας


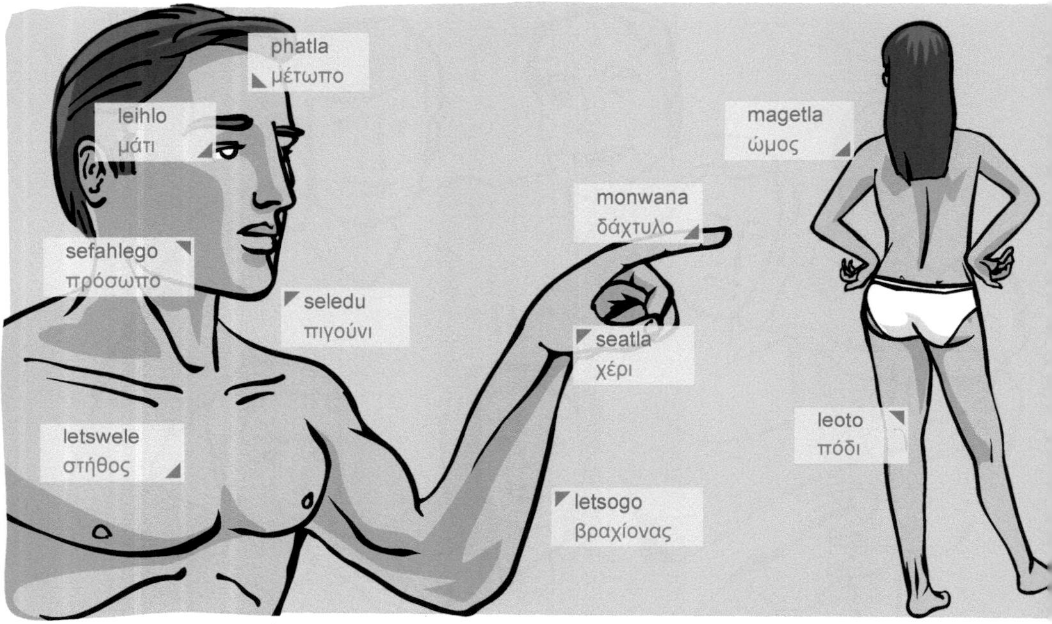

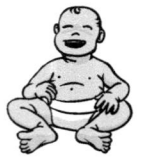

ngwana

μωρό

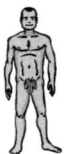

monna

άνδρας

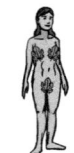

mosadi

γυναίκα

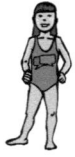

kgarebe

κορίτσι

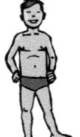

mošemane

αγόρι

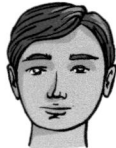

hlogo

κεφάλι

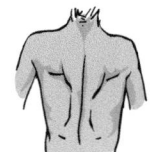

**morago**

πλάτη

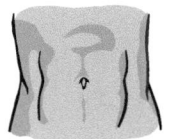

**mokhaba**

κοιλιά

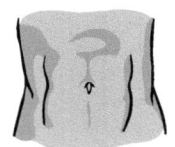

**mokhubu**

αφαλός

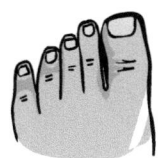

**monwana**

δάχτυλο ποδιού

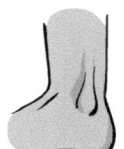

**tlhako**

φτέρνα

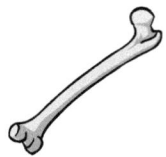

**lerapo**

κόκκαλο

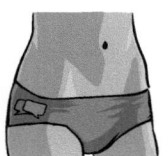

**matheka**

γοφός

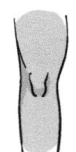

**leoto**

γόνατο

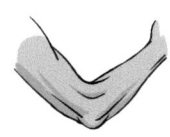

**khuru**

αγκώνας

**nko**

μύτη

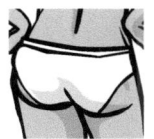

**tlase**

γλουτός

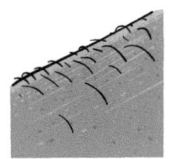

**letlalo**

δέρμα

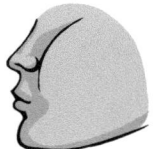

**lerama**

μάγουλο

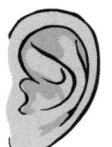

**tsebe**

αυτί

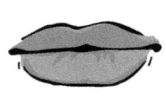

**molomo**

χείλος

mmele - σώμα

molomo

στόμα

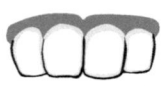

leino

δόντι

Leleme

γλώσσα

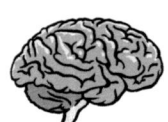

bjoko

εγκέφαλος

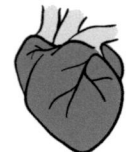

pelo

καρδιά

segoba

μυς

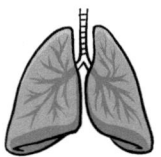

maswafo

πνεύμονας

sebete

συκώτι

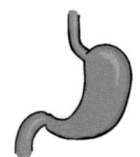

mala

στομάχι

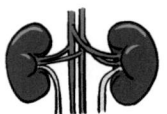

diphsio

νεφρά

thobalano

σεξουαλική επαφή

condom

προφυλακτικό

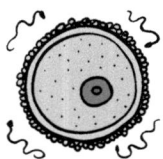

Ovum

ωάριο

matshedi

σπέρμα

go ima

εγκυμοσύνη

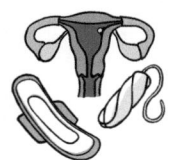

go bona kgwedi

περίοδος

setho sa bosadi

γυναικείος κόλπος

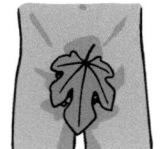

setho sa bonna

πέος

dintši

φρύδι

moriri

μαλλιά

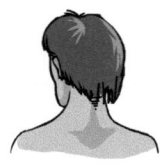

molala

λαιμός

# sepetlele
# νοσοκομείο

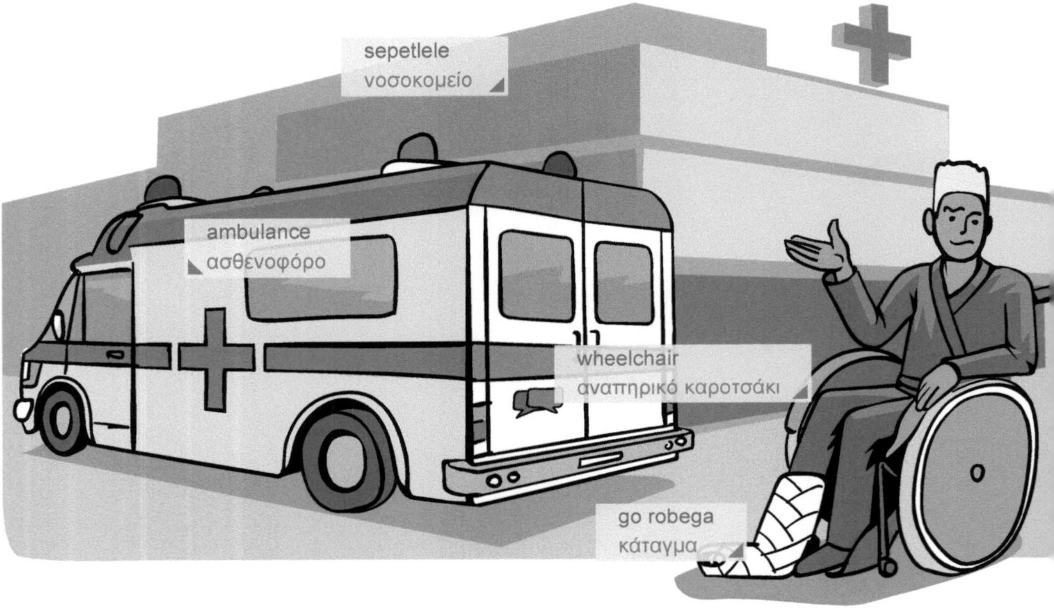
sepetlele
νοσοκομείο
ambulance
ασθενοφόρο
wheelchair
αναπηρικό καροτσάκι
go robega
κάταγμα

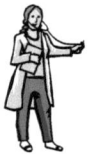

ngaka

γιατρός

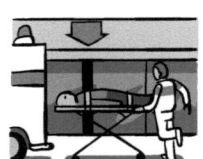

phapoši ya tša tšhoganetšo

μονάδα εντατικής θεραπείας

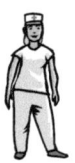

mooki

νοσοκόμα

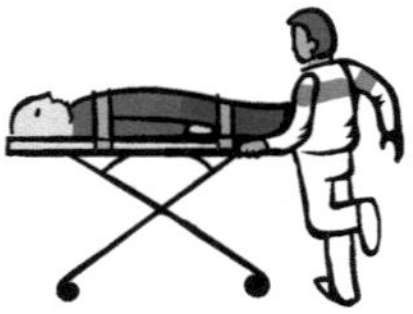

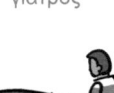

tšhoganetšo

έκτακτη ανάγκη

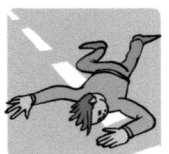

go idibala

λιπόθυμος

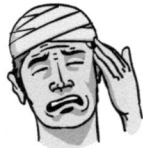

bohloko

πόνος

**go gobala**

τραύμα

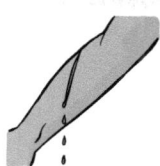

**go tšwa madi**

αιμορραγία

**bolwetši bja pelo**

έμφραγμα

**setorouko**

εγκεφαλικό

**ge mmele o ganana le dijo**

αλλεργία

**go gohlola**

βήχας

**go gohlola**

πυρετός

**sehuba**

γρίπη

**letšhollo**

διάρροια

**go opa ke hlogo**

πονοκέφαλος

**kankere**

καρκίνος

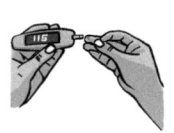

**swikiri**

διαβήτης

**mmui**

χειρουργός

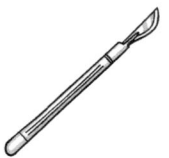

**thipa ya scalpel**

νυστέρι

**go bulwa**

εγχείρηση

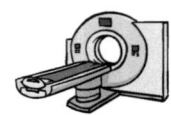

CT

αξονική τομογραφία

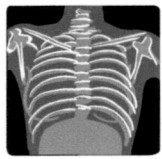

x-ray

ακτινογραφία

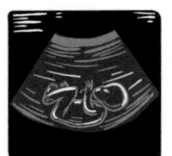

ultrasound

υπέρηχος

sethiba sefahlego

μάσκα

bolwetši

ασθένεια

phapoši ya go leta

αίθουσα αναμονής

lehlotlo

πατερίτσα

sedirišwa sa plaster

χάνσαπλαστ

lešela la ntho

επίδεσμος

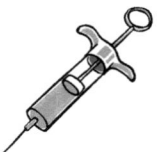

nalete

ένεση

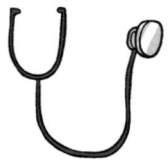

sthehosekoupo

στηθοσκόπιο

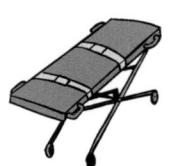

seteretšhara

φορείο

themoketha ya kgathelelo

θερμόμετρο

go belebga

γέννηση

mmele o mogolo

υπέρβαρο

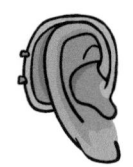

**sethuša ditsebe**

ακουστικό βαρηκοΐας

**disinfectant**

αντισηπτικό

**twatši**

λοίμωξη

**baerase**

ιός

**HIV / AIDS**

HIV/AIDS

**dihlare**

φάρμακο

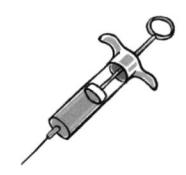

**tlhabelo ya go thibela malwetši**

εμβολιασμός

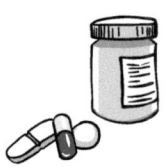

**dipilisi**

δισκία

**pilisi**

χάπι

**mogala wa tšhoganetšo**

κλήση έκτακτης ανάγκης

**sehlahlobi sa pelo**

πιεσόμετρο αίματος

**go babja / phetše gabotse**

άρρωστος / υγιής

alamo

συναγερμός

go tšhošetšwa

βιαιοπραγία

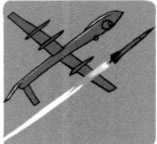

tlhaselo

επίθεση

kotsi

κίνδυνος

go tšwa ka tšhoganetšo

έξοδος κινδύνου

Thušo!

Βοήθεια!

Mollo!

Φωτιά!

setimamollo

πυροσβεστήρας

kotsi

ατύχημα

first-aid kit

κουτί πρώτων βοηθειών

SOS

SOS

maphodisa

αστυνομία

Yuropa

Ευρώπη

Amerika Bodikela

Βόρεια Αμερική

Amerika Borwa

Νότια Αμερική

Afrika

Αφρική

Asia

Ασία

Australia

Αυστραλία

Atlantic

Ατλαντικός Ωκεανός

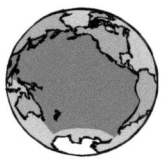

Pacific

Ειρηνικός Ωκεανός

Lewatle la India

Ινδικός Ωκεανός

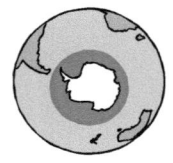

Lewatle la Antarctic

Ανταρκτικός Ωκεανός

Lewatle la Arctic

Αρκτικός Ωκεανός

North Pole

Βόρειος Πόλος

South Pole

Νότιος Πόλος

Antarctica

Ανταρκτική

Lefase

Γη

naga

γη

noka

θάλασσα

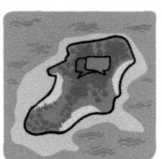

island

νησί

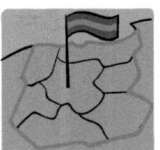

naga

έθνος

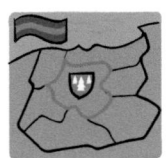

state

πολιτεία

sešupanako sa dinomoro

καντράν ρολογιού

diiri tša sešupanako

ωροδείκτης

metsotso ya sešupanako

λεπτοδείκτης

metsotswana ya sešupanako

δείκτης δευτερολέπτων

Ke nako mang?

Τι ώρα είναι;

letšatši

ημέρα

nako

χρόνος

gona bjale

τώρα

sešupanako sa dinomoro

ψηφιακό ρολόι

metsotso

λεπτό

iri

ώρα

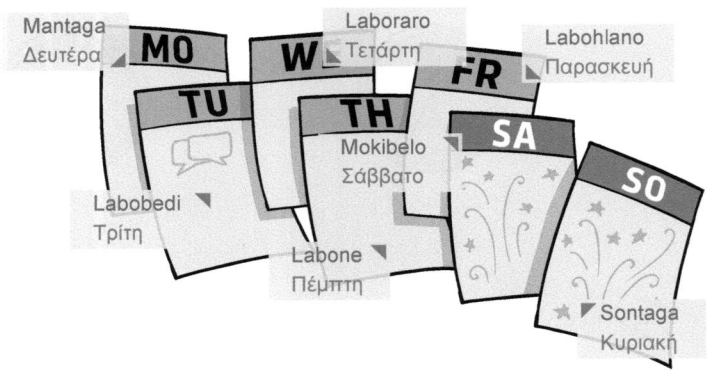

Mantaga
Δευτέρα

Laboraro
Τετάρτη

Labohlano
Παρασκευή

Labobedi
Τρίτη

Mokibelo
Σάββατο

Labone
Πέμπτη

Sontaga
Κυριακή

maobane

χθες

lehono

σήμερα

ka moswana

αύριο

mesong

πρωί

Thapama

μεσημέρι

mantšiboa

βράδυ

matšatši a kgwebo

εργάσιμες ημέρες

mafelobeke

Σαββατοκύριακο

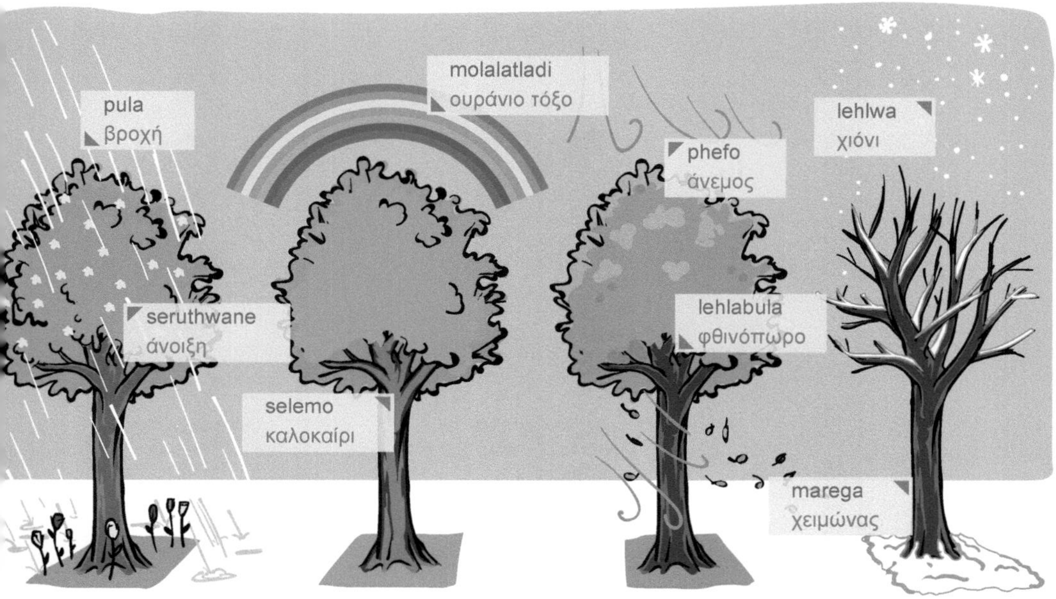

molalatladi
ουράνιο τόξο
pula
βροχή
lehlwa
χιόνι
phefo
άνεμος
seruthwane
άνοιξη
lehlabula
φθινόπωρο
selemo
καλοκαίρι
marega
χειμώνας


4.APRIL 11°
5.APRIL 4°
6.APRIL 13°
7.APRIL 8°
8.APRIL 10°


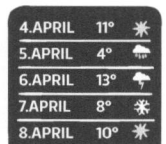

tsebišo ya leratadima

πρόγνωση καιρού

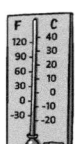

thermometer

θερμόμετρο

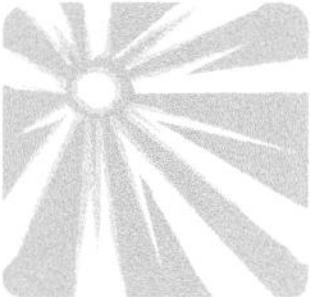

mahlasedi a letšatši

λιακάδα

maru

σύννεφο

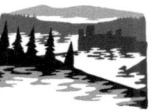

kgudi

ομίχλη

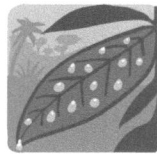

go koloba

υγρασία

legadima

αστραπή

legadima

κεραυνός

ledimo

καταιγίδα

sefako

χαλάζι

ledimo

μουσώνας

lefula

πλημμύρα

lehlwa

πάγος

January

Ιανουάριος

February

Φεβρουάριος

March

Μάρτιος

April

Απρίλιος

May

Μάιος

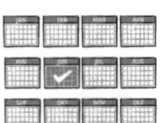

June

Ιούνιος

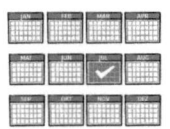

July

Ιούλιος

August

Αύγουστος

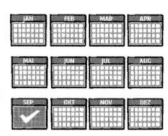

September
Σεπτέμβριος

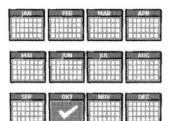

October
Οκτώβριος

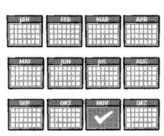

November
Νοέμβριος

December
Δεκέμβριος

## σχήματα

nthokolo
κύκλος

sekwere
τετράγωνο

rectangle
ορθογώνιο
παραλληλόγραμμο

theraekele
τρίγωνο

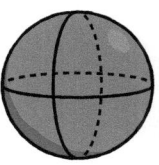

nthokolo
σφαίρα

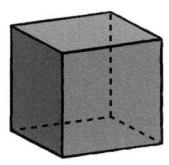

cube
κύβος

tshweu

άσπρο

kheri

κίτρινο

namone

πορτοκαλί

pinki

ροζ

khubedu

κόκκινο

phepholo

μωβ

pududu

μπλε

tala

πράσινο

tshehla

καφέ

kerei

γκρι

bontsho

μαύρο

tše dintši / tše dinyenyane

πολύ / λίγο

befetšwe / theotše maswafo

θυμωμένος / ήρεμος

botse / befile

όμορφος / άσχημος

mathomo / mafelelo

αρχή / τέλος

kgolo / nyenyane

μεγάλος / μικρός

seetša / leswiswi

φωτεινός / σκοτεινός

abuti / sesi

αδελφός / αδελφή

hlwekile / ditšhila

καθαρός / λερωμένος

feletše / ga se e felele

πλήρης / ατελής

mosegare / bošego

ημέρα / νύχτα

hwile / o sa phela

νεκρός / ζωντανός

go bulega / go tswalelega

φαρδύς / στενός

e a jega / ga e jege

βρώσιμος / μη βρώσιμος

bobe / go loka

κακός / ευγενικός

mahlahlo / go tšwafa

ενθουσιασμένος /
βαριεστημένος

bokoto / bosese

παχύς / λεπτός

mathomo / mafelelo

πρώτος / τελευταίος

mogwera / lenaba

φίλος / εχθρός

e tletše / ga e na selo

γεμάτος / άδειος

tiile / e bonolo

σκληρός / μαλακός

ya roba / e bobebo

βαρύς / ελαφρύς

tlala / mokhoro

πείνα / δίψα

go babja / phetše gabotse

άρρωστος / υγιής

ga e molaong / e molaong

παράνομος / νόμιμος

bohlale / lešilo

έξυπνος / χαζός

le letshadi / le letona

αριστερός / δεξιός

kgaufsi / kgole

κοντινός / μακρινός

mapsha / e dirišitšwe

καινούριος / μεταχειρισμένος

selo / se sengwe

τίποτα / κάτι

motšofadi / mofsa

γέρος | νέος

laeta / tima

αναμμένος / σβηστός

bula / tswalela

ανοιχτός / κλειστός

homola / rasa

χαμηλόφωνος / μεγαλόφωνος

go huma / go diila

πλούσιος / φτωχός

e lokilego / e sa lokago

σωστός / λανθασμένος

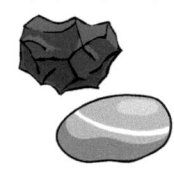

makgwakgwa / go thelela

τραχύς / λείος

go nyama / go thaba

λυπημένος / χαρούμενος

mokopana / motelele

κοντός / μακρύς

go nanya / go kitima

αργός / γρήγορος

go koloba / go oma

υγρός / στεγνός

borutho / go tonya

ζεστός / δροσερός

ntwa / khutšo

πόλεμος / ειρήνη

**0**

nnoto

μηδέν

**1**

tee

ένα

**2**

pedi

δύο

**3**

tharo

τρία

**4**

nne

τέσσερα

**5**

tlhano

πέντε

**6**

tshela

έξι

**7**

šupa

εφτά

**8**

seswai

οκτώ

**9**

senyane

εννιά

**10**

lesome

δέκα

**11**

lesome tee

έντεκα

## 12
lesome pedi
δώδεκα

## 13
lesome tharo
δεκατρία

## 14
lesome nne
δεκατέσσερα

## 15
lesome tlhano
δεκαπέντε

## 16
lesome tshela
δεκαέξι

## 17
lesome šupa
δεκαεφτά

## 18
lesome seswai
δεκαοκτώ

## 19
lesome senyane
δεκαεννέα

## 20
masomepedi
είκοσι

## 100
lekgolo
εκατό

## 1.000
sekete
χίλια

## 1.000.000
milione
εκατομμύριο

Seisemane

Αγγλικά

Seisemane sa Amerika

Αμερικάνικα Αγγλικά

Sechina sa Mandarin

Μανδαρίνικα Κινέζικα

Sehindi

Χίντι

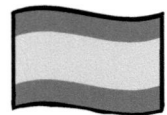

Spanish

Ισπανικά

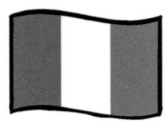

Sefora

Γαλλικά

Searabic

Αραβικά

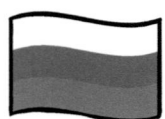

Serašia

Ρώσικα

Sepotokisi

Πορτογαλικά

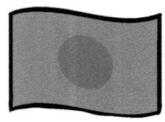

Sebengali

Μπενγκάλι

Sejeremane

Γερμανικά

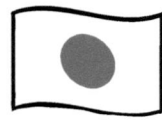

Sefapane

Ιαπωνικά

Nna

εγώ

wena

εσύ

yena / yona

αυτός / αυτή / αυτό

rena

εμείς

wena

εσείς

bona

αυτοί / αυτές / αυτά

bomang?

ποιος / ποια / ποιο;

eng?

τι;

bjang?

πώς;

mo kae?

πού;

neng?

πότε;

leina

όνομα

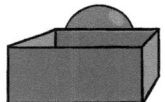

ka morago

πίσω

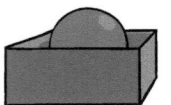

go

μέσα

kgaufsi le

μπροστά

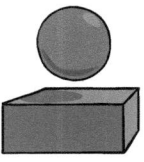

godimo ga

πάνω από

go

πάνω

ka tlase ga

κάτω

ka lehlakoreng la

δίπλα

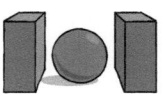

magareng ga

ανάμεσα

lefelo

μέρος